W0233416

SCHRITTE
ZUR PERSÖNLICHEN
ERWECKUNG

Schritte
ZUR PERSÖNLICHEN
ERWECKUNG

Erfüllt sein mit dem Heiligen Geist

HELMUT HAUBEIL

INHALTSVERZEICHNIS

INHALTSVERZEICHNIS

UNSER HERR SELBST
HAT DAS GEBOT GEGEBEN: [1]

LASST EUCH BESTÄNDIG UND IMMER WIEDER NEU MIT GEIST ERFÜLLEN! [2]

1   "The Lord himself has given the command: 'Be filled with the Spirit!' (Eph. 5,18) –
    [Das volle Zitat ist Seite 74/75.] E.G. White, *Mount of Blessing*, MB 20.3 (egwwritings.ord)
2   Erklärung vom Griechischen zu Eph. 5,18: Johannes Mager, *Auf den Spuren des Geistes*, (Lüneburg, 1999),
    Seite 100-101 – Diese Erklärungen sind ausführlich auf Seite 74/75 nachzulesen.

SCHRITTE ZUR PERSÖNLICHEN ERWECKUNG

Erfüllt sein mit dem Heiligen Geist

Was war der Grund, warum ich mich plötzlich erneut und intensiv mit dem Anliegen „Leben im Heiligen Geist" beschäftigte?

Am 14. August 2011, als ich im Kandergrund/Berner Oberland war, wurde mir plötzlich ein wichtiger Zusammenhang klar. Ich erkannte eine geistliche Ursache, warum wir einen Teil unserer Jugend verlieren. Ich war sehr betroffen. Ich dachte an meine Kinder und Enkelkinder. Seit dieser Zeit hat mich das intensiv beschäftigt.

> *Jetzt habe ich die Überzeugung, dass dieselbe geistliche Ursache hinter vielen unserer Probleme steht; und zwar hinter den persönlichen, denen der Gemeinde und der Kirche. Es ist der Mangel am Heiligen Geist.*

Wenn dies die Ursache ist, sollten wir uns ihr vorrangig zuwenden. Wenn die Ursache behoben oder deutlich gemindert werden kann, werden sich viele Probleme erübrigen oder lösen lassen.

Was sagen andere über diesen Mangel:

- **EMIL BRUNNER:** »Ev. Ref. Theologe, schrieb, dass der Heilige Geist »immer mehr oder weniger das Stiefkind der Theologie gewesen ist.«[1]

- **D. MARTIN LLOYD-JONES:** »Wenn ich mal so ganz ungeschützt meine Meinung äußern darf, dann ist wohl in der Vergangenheit und Gegenwart kein Gegenstand biblischen Glaubens so vernachlässigt wie der Heilige Geist. ... Ich bin sicher, dass wir es hier mit der Ursache für die Schwäche des evangelikalen Glaubens zu tun haben.«[2]

- **LEROY E. FROOM:** »Ich bin überzeugt, dass [der Mangel an Heiligem Geist] unser schlimmstes Problem ist.«[3]

- **DWIGHT NELSON:** »Unsere Gemeinde hat bis zur Ermüdung bewundernswerte Formen, Pläne und Programme entwickelt, aber wenn wir uns nicht endlich unseren **geistlichen Bankrott** eingestehen [Mangel an Heiligem Geist], der zu viele von uns Predigern und leitenden Verantwortlichen erfasst hat, werden wir niemals über unser Pro-Forma[4]-Christenleben hinauskommen.«[5]

- **GARRIE F. WILLIAMS:** »Im Alltag vieler Adventisten und im Gemeindeleben scheint der Heilige Geist weitgehend eine untergeordnete Rolle zu spielen – wenn überhaupt. ... Dabei ist das doch die Grundlage für ein freudiges, anziehendes und fruchtbringendes Leben als Christ.«[6]

- **A. W. TOZER:** »Wenn der Heilige Geist heute von der Gemeinde genommen würde, würden 95% von dem, was wir tun, weitergehen und niemand den Unterschied bemerken. Wenn der Heilige Geist von der neutestamentlichen Gemeinde zurückgezogen worden wäre, hätte 95% von dem, was sie taten, aufgehört und jeder hätte den Unterschied bemerkt.«[7]

Zunächst wollen wir einigen Hinweisen nachgehen, die uns unser Herr Jesus zum Heiligen Geist gegeben hat.

---

1 Johannes Mager, *Auf den Spuren des Geistes*, (Lüneburg, 1999), Cover
2 D. Martin Lloyd-Jones, *Vollmacht, Telos-Taschenbuch Nr.385 (Marburg 1984)*, S. 72
3 LeRoy E. Froom, *The Coming of the Comforter (Hagerstown, 1949)*, S. 94
4 Pro forma lat. »zum Schein« Das aktuelle Fremdwörter-Lexikon
5 Hrsg. Helmut Haubeil, *Missionsbrief Nr. 34 (Bad Aibling, 2011)*, S. 3
6 Garrie F. Williams, *Erfüllt vom Heiligen Geist (Lüneburg, 2007)*, Cover
7 Dr. S. Joseph Kidder, *Anleitung zum geistlichen Leben (Andrews University)*, PPP Folie 2

KAPITEL 1

JESU KOSTBARSTES GESCHENK

WAS LEHRT JESUS ÜBER DEN HEILIGEN GEIST?

Kennst Du Jesu eindrücklichste Botschaft?
Welche Aufgaben hat der Heilige Geist?
Warum brauchen wir zur Charakterveränderung
Hilfe von außen?

Zurück zur »ersten Liebe«: Eine Schwester schrieb: Meine Freundin und ich studieren das »40-Tage-Buch- Andachten und Gebete zur Vorbereitung auf die Wiederkunft Jesu« gerade zum dritten Mal, abwechselnd mit dem Heft »Schritte zur persönlichen Erweckung«. Bevor wir diese Unterlagen entdeckt haben, waren unser Glaubensleben und auch unser Gebetsleben nicht mehr das, was es am Anfang einmal war. **Wir sehnten uns danach, diese »erste Liebe« wieder zu finden.** Wir haben sie gefunden! Wir danken Gott von ganzem Herzen dafür. Es ist so wunderbar, wie unser liebender Gott Gebete erhört und uns erkennen lässt, wie sein Geist am Wirken ist – an uns und an den Menschen, für die wir bitten. M.S.

Jesus hielt Einzug: Eine weitere Person schrieb unter Bezug auf diese Literatur: ..., dass sie mir in meinem Leben zu einem großen und lang erwarteten Segen geworden ist. Wie vielen anderen Glaubensgeschwistern ging es mir und einer Schwester aus unserer Gemeinde auch, dass uns immer etwas fehlte in unserem Glaubensleben, und wir durften nun erfahren, wie **Jesus in unser Leben Einzug hielt** und begonnen hat, uns zu verändern. Er tut dies immer noch, und Schritt für Schritt zieht er uns immer näher zu sich hin. S.K.

Fragten sich die Jünger Jesu: Wodurch kann Jesus einen so großen Einfluss ausüben? Hängt dies mit seinem Beten zusammen? Daher bitten sie: »*Herr, lehre uns beten*«. Und Jesus entspricht ihrer Bitte.

Sein Gebetsunterricht in Lukas 11, 1-13 hat drei Teile: Das Vaterunser, das Gleichnis vom bittenden Freund, und als Höhepunkt das beständige Bitten um den Heiligen Geist.

Im Gleichnis (V. 5-8) bekommt ein Mann spätabends Besuch und **hat nichts**, was er ihm vorsetzen könnte. In seiner Not geht er sofort zum Nachbar. Er erklärt ihm: »**Ich habe nicht**« und bittet ihn um Brot. Er bittet solange, bis er Brot bekommt. Jetzt hat er Brot – Lebensbrot – für sich und seinen Besuch. Er hat jetzt für sich selbst und ist in der Lage weiterzugeben.

Nun verbindet Jesus dieses Gleichnis (Problem: Ich habe nicht) mit dem Bitten um den Heiligen Geist indem er sagt: »***Deshalb** sage ich euch: Bittet und ihr werdet bekommen*«. (Luk. 11,9 GNÜ) Dann folgt:

Ein einzigartiger Aufruf Jesu:
Deshalb bittet um den Heiligen Geist

In dieser einzigartigen Bibelstelle fordert uns unser Herr Jesus nachdrücklich auf, um den Heiligen Geist zu bitten. Ich kenne keine zweite Bibelstelle, in der Jesus uns etwas mit einer solch liebevollen Eindringlichkeit ans Herz legt. Diese Stelle ist aus seinem Gebetsunterricht in den Versen 9-13 LU. Die entscheidenden Wörter habe ich hervorgehoben, damit sein Anliegen deutlich zu erkennen ist:

»*Und ich sage euch auch:* **Bittet,** *so wird euch gegeben;* **suchet,** *so werdet ihr finden;* **klopfet an,** *so wird euch aufgetan. Denn wer da* **bittet,** *der empfängt; und wer da* **sucht,** *der findet; und wer da* **anklopft,** *dem wird aufgetan.* **Wo bittet** *unter euch ein Sohn den Vater ums Brot,* *der ihm einen Stein dafür biete? [Das ist undenkbar] und, so er ihn **bittet** um einen Fisch, der ihm eine Schlange für den Fisch biete? [Das ist undenkbar] oder, so er um ein Ei **bittet**, der ihm einen Skorpion dafür biete? [Das ist undenkbar] So denn ihr, die ihr arg seid, könnt euren Kindern gute Gaben geben, wie viel mehr wird der Vater im Himmel den Heiligen Geist geben denen, die ihn **bitten**!«*

Jesus benützt in diesem kurzen Abschnitt sechsmal das Tätigkeitswort »bitten«; dann ersetzt er »bitten« und verstärkt es zweimal durch »suchen« – eine aktive Tätigkeit – und noch weitere zwei Mal durch »anklopfen« – ebenfalls ein aktives Handeln.

Zeigt er uns damit nicht sehr deutlich, dass wir wegen des Erfülltseins mit dem Heiligen Geist etwas unternehmen sollen? Das letzte »bitten« steht im Griechischen in der Verlaufsform. Das bedeutet, es geht nicht darum einmal zu bitten, sondern beständig im Bitten zu bleiben. Jesus macht das Bitten hier nicht nur sehr dringend, sondern er erwartet, dass wir es laufend tun. Ganz sicher will er durch diese intensive Einladung unser Verlangen nach dem Heiligen Geist wecken.

In dem Buch *Christi Gleichnisse* steht dazu: »Gott sagt nicht: Bittet nur einmal, so wird euch gegeben. Er fordert uns auf: ›Bittet!‹ Haltet unermüdlich fest am Gebet! Ständiges Bitten gibt dem Betenden eine ernstere Geisteshaltung und lässt ihn das, was er erlangen möchte, umso sehnlicher wünschen.«[1]

Jesus bringt dann drei Beispiele, die deutlich zeigen, dass das geschilderte Handeln selbst für sündige irdische Väter undenkbar ist. Damit will er uns zeigen, dass es für unseren Vater im Himmel noch viel undenkbarer ist, uns den Heiligen Geist nicht zu geben, wenn wir darum bitten. Jesus will uns ganz sicher machen, dass wir den Heiligen Geist empfangen, wenn wir entsprechend bitten. Durch diese und andere Verheißungen können wir im Glauben bitten und wissen, dass wir das Erbetene bereits empfangen haben. (1. Joh. 5,14.15; Näheres dazu in Kapitel 5)

Diese ganz besondere Einladung zeigt uns, dass uns nach Jesu Überzeugung etwas ganz Wesentliches fehlt, wenn wir nicht laufend um das Erfülltsein mit dem Heiligen Geist bitten. Er macht uns deutlich darauf aufmerksam, dass wir unbedingt den Heiligen Geist

---

1   E.G. White, *Christi Gleichnisse*, S. 108 [*Christ Object Lessons* 145.3 egwwritings.org]

benötigen. Er will, dass wir dadurch beständig die reichen Segnungen des Heiligen Geistes empfangen.

Dieser Teil seines Gebetsunterrichts ist ein einmaliger Vorgang. Es geht beim Heiligen Geist um die kostbarste Gabe Gottes. Es ist die Gabe, die alle anderen Gaben mit sich bringt. Diese Gabe ist das Krönungsgeschenk Jesu an seine Jünger und ein deutlicher Beweis für seine Liebe. Ich denke, es ist gut nachvollziehbar, dass ein solch wertvolles Geschenk niemand nachgetragen wird. Darf ich es einmal drastisch sagen: Der Heilige Geist wird nicht »im Ausverkauf« angeboten. Er wird denen gegeben, die ihr Leben Jesus hingeben; er wird denen gegeben, die in einer beständigen Hingabe leben. (Joh. 15,4.5) Die Hingabe kommt zum Ausdruck durch:

▸ ein Verlangen nach Gott (»*wen da dürstet*« – Joh. 7,37 LU)
▸ Gott vertrauen (»*wer an mich glaubt wie die Schrift sagt*« – Joh. 7,38 LU)
▸ Völlige Hingabe als Folge ihres Gottvertrauens (»*stellt euer ganzes Leben Gott zur Verfügung*« – Röm. 12,1 GNB)
▸ Gott in allem zu folgen (»*denen, die ihm gehorchen*« – Apg. 5,32 LU)
▸ die ihren eigenen Weg aufgeben, den Weg Gottes gehen und dies nach dem Willen Gottes bekennen (»*kehrt jetzt um und lasst euch taufen*« – Apg. 2,38 GNB)
▸ nichts Unrechtes vorzuhaben (»*wenn ich Unrechtes vorgehabt hätte ... so hätte der Herr nicht gehört*« – Ps. 66,18 LU)
▸ Erkennen und Bekennen unserer großen Bedürftigkeit (»*ich habe nichts*« – Luk. 11,6 NLB)
▸ Fortlaufendes Bitten um den Heiligen Geist. (Luk. 11,9-13)

Sehen wir in den Erwartungen, die Gott an uns hat, nicht deutlich die Kostbarkeit dieses Geschenks? Wenn wir diese Voraussetzungen alle bedenken, dann werden wir wahrscheinlich bei uns ein Defizit feststellen. Ich habe mir daher angewöhnt täglich um Verlangen nach dem Heiligen Geist zu beten, und zwar in Verbindung mit Joh. 6,37 GNB »*wer durstig ist, soll zu mir kommen und trinken!*«[2]

---

2   Es ist sehr wertvoll mit Verheißungen zu beten. Wer sich darüber näher orientieren möchte, lese bitte mehrfach das Kapitel 5.

Wir können beten: »Herr Jesus, ich bejahe die Voraussetzungen für den Empfang des Heiligen Geistes voll und ganz. Ich bitte dich herzlich, dass du sie jetzt – für heute - in mir erfüllst.« Unser wunderbarer Gott steht uns sogar bei in der Erfüllung der Voraussetzungen.

Der Heilige Geist ist die Quelle eines erfüllten Lebens

Was sagt Jesus selbst über den Grund, warum er auf diese Erde gekommen ist? Er sagt:

>*Ich bin gekommen, um ihnen das Leben in ganzer Fülle zu schenken.*« Joh. 10,10 GNB

Jesus will, dass wir dieses neue Leben jetzt schon bekommen und dass wir es nach seiner Wiederkunft in noch ganz anderen Dimensionen als ewiges Leben im Reich Gottes fortsetzen dürfen.

Und er zeigt uns, dass die Quelle dieses erfüllten Lebens der Heilige Geist ist: »*Wen da dürstet, der komme zu mir und trinke. Wer an mich glaubt, wie die Schrift sagt, von des Leibe werden Ströme lebendigen Wassers fließen. Das sagte er von dem [Heiligen] Geist.*« Joh. 7, 37-39 LU

Ist das nicht eine passende Illustration für das Leben in Fülle: Ströme lebendigen Wassers?

Hat Jesus uns in seinem Leben hier auf der Erde ein entsprechendes Vorbild gegeben?

Wir wissen, dass Jesus durch den Heiligen Geist in Maria, seiner Mutter, gezeugt wurde (Mt. 1,18). Wir wissen, dass er nach seiner Taufe gebetet hat und »*der Heilige Geist kam sichtbar auf ihn herab, anzusehen wie eine Taube*« (Luk. 3,22 GNB). War es unter diesen Umständen denn auch für ihn notwendig und wichtig, jeden Tag den Heiligen Geist zu empfangen? Ich zitiere E.G. White:

>»*Morgen für Morgen hatte Jesus Kontakt mit seinem Vater im Himmel. Er empfing von ihm täglich eine frische Taufe [Erfüllung] mit dem Heiligen Geist.*«[3]

---

3   Signs of the Times, November 21, 1895, Abs. 3

In *Das Wirken der Apostel* steht: »Für den Mitarbeiter, der sich dem Herrn geweiht hat, ist es ein wunderbarer Trost zu wissen, dass selbst Christus während seines Erdenlebens seinen Vater täglich um erneuten Zufluss der benötigten Gnade bat.«[4]

Jesus hat uns tatsächlich ein entsprechendes Vorbild gegeben. Wir müssen uns fragen: Wenn Jesus täglich neu den Heiligen Geist brauchte, ist es dann nicht noch viel dringender für dich und mich?

Der Apostel Paulus hat das Anliegen Jesu voll verstanden. Er bestätigt der Gemeinde Ephesus in Kap. 1,13, dass sie versiegelt wurden mit dem Heiligen Geist, als sie gläubig wurden. In Kap. 3,16.17 ermahnt er sie, stark zu werden im Geist. In Kap. 4,30 LU ermahnt er sie: »*Betrübt nicht den heiligen Geist Gottes*«. In Kap. 5,18 LU gebietet er als bevollmächtigter Apostel den Ephesern und damit auch uns: »*Werdet voll Geistes*« oder »*lasst euch beständig und immer wieder neu mit Geist erfüllen*«[5]. Wir sehen, dass wir auch dann, wenn wir bei der Wiedergeburt den Heiligen Geist empfangen haben, in der Regel täglich diese Auffrischung benötigen. Für das geistliche Leben und Wachsen eines Christen ist es bedeutsam, täglich mit dem Heiligen Geist erfüllt zu werden.

Zu Eph. 5,18 hieß es in der Studienanleitung zur Bibel: »Was bedeutet es ›mit dem Heiligen Geist‹ getauft zu werden? Jesus selbst erklärte das mit einem bedeutungsgleichen Ausdruck. Man ist mit dem Heiligen Geist ›getauft‹ (Apg. 1,5), wenn der Heilige Geist auf einen ›gekommen‹ ist. (V.8 EB) Getauft zu werden bedeutet, in etwas völlig eingetaucht zu werden – normalerweise in Wasser. Das betrifft die ganze Person. Taufe mit dem Heiligen Geist bedeutet, völlig unter den Einfluss des Heiligen Geistes zu kommen, völlig, von ihm ›erfüllt‹ zu sein. Dies ist kein einmaliges Erlebnis, sondern etwas, das sich ständig wiederholen muss, wie Paulus in Eph. 5,18b durch die griechische Zeitform des Verbs ›erfüllen‹ verdeutlichte.«[6]

JESU ABSCHIEDSWORTE UND DER HEILIGE GEIST

Jesus wollte den Jüngern in seinen Abschiedsworten Freude und Hoffnung vermitteln, indem er ihnen mitteilte, dass an seiner Stelle der

---

4   E.G. White, *Das Wirken der Apostel*, S. 57 / *The Acts of the Apostles*, S. 56.57
5   Hrsg. Werner E. Lange, *Unser größtes Bedürfnis* (Lüneburg, 2011) , S. 42
6   Studienanleitung zur Bibel der Kirche der Siebenten-Tags-Adventisten, (Standardausgabe), 17.07.2014

Heilige Geist käme. Er stellt ihnen dessen Aufgaben vor in Joh. 16,7-14 (Hfa):

> *»Doch ich sage euch die Wahrheit: Es ist besser für euch, wenn ich gehe. Sonst käme der nicht, der euch an meiner Stelle helfen soll. Wenn ich nicht mehr bei euch bin, werde ich ihn zu euch senden. Und ist er erst gekommen, wird er den Menschen die Augen für ihre Sünde öffnen, für Gottes Gerechtigkeit und sein Gericht. Ihre Sünde ist, dass sie nicht an mich glauben. Gottes Gerechtigkeit zeigt sich darin, dass er sich zu mir bekennt und ich zum Vater gehe, wenn ihr mich dann auch nicht mehr sehen werdet. Und Gottes Gericht werden die Menschen daran erkennen, dass der Teufel, der Herrscher dieser Welt, bereits verurteilt ist. Ich hätte euch noch viel mehr zu sagen, aber jetzt würde es euch überfordern.*
>
> *Wenn aber der Geist der Wahrheit kommt, hilft er euch dabei, die Wahrheit vollständig zu erfassen. Denn er redet nicht in seinem eigenen Auftrag, sondern wird nur das sagen, was er gehört hat. Auch was euch in Zukunft erwartet, wird er euch verkünden.*
>
> *So wird er meine Herrlichkeit sichtbar machen; denn alles, was er euch zeigt, kommt von mir.«*

Eine neue vorteilhafte Lösung

Jesus sagt den Jüngern etwas sehr Erstaunliches: »*Es ist besser für euch, wenn ich gehe*«. Das bedeutet doch, dass die neue Lösung, dass er durch den Heiligen Geist mit uns ist, einen Vorteil bietet gegenüber seiner persönlichen Anwesenheit. Auf diese Weise ist er nicht begrenzt, sondern kann bei Jedem sein, ganz gleich, wo er sich gerade befindet.

Aus Unglauben und Kleinglauben zum Glauben an Jesus führen

Der Heilige Geist hat die Aufgabe der Welt die Augen zu öffnen. Ist die Welt nicht zu einem gewissen Grad in die Gemeinde »eingebrochen«? Der Heilige Geist öffnet der Welt die Augen. Er ist aber auch der Einzige, der Laodizea die Augen öffnen kann. Er erweckt in Menschen der Welt ein Verlangen nach Gott und in lauen Christen ein Verlangen nach einer innigen Beziehung mit Jesus. Denn er zeigt uns die Sünde, die die Ursache für alle weiteren Sünden ist: »*dass sie nicht glauben an mich*«. Glaubst du Jesus? Der Kern des Glaubens ist Vertrauen, sich anvertrauen.

Das Zeichen, dass wir Jesus wirklich glauben und vertrauen, ist, dass wir uns ihm voll anvertrauen. Es geht hier um unsere volle Hingabe, um die Bereitwilligkeit, ihm in allem zu folgen.

Jesus sagte: »*Er wird den Menschen zeigen, was Sünde ist und was Gerechtigkeit und was Gericht. **Die Sünde besteht darin, dass sie mich ablehnen.***« (Joh. 16,8.9 GNB) Worin die Ablehnung Jesu sich zeigt, erkennen wir leichter durch den Luthertext: »*Über die Sünde, dass sie nicht glauben an mich.*«

Morris Venden sagte: »Glaube bedeutet, sich von einem anderen abhängig zu machen. Im biblischen Sprachgebrauch kommt das Wort ›Glaube‹ dem Begriff ›anvertrauen‹ wahrscheinlich am nächsten, denn es beinhaltet den Gedanken, die Kontrolle über das eigene Leben Gott zu überlassen.«[7]

Wir erkennen daraus, dass die Kernsünde, aus der alle weiteren Sünden folgen, darin besteht, nicht in vollem Sichanvertrauen, in beständiger voller Hingabe an Jesus zu leben.

Gerettet und gerecht durch Glauben

Er öffnet uns auch die Augen für die Gerechtigkeit Jesu. Als Jesus in den Himmel gefahren war, wurde sein Opfer vom Vater angenommen. Damit wurde das Unmögliche möglich, dass Gott Liebe übt und gleichzeitig gerecht ist. Der Heilige Geist will uns die Augen öffnen für den wertvollsten Tausch: Jesus übernimmt von denen, die sich ihm anvertraut haben, die volle Schuld und schenkt ihnen seine Gerechtigkeit. Es geht hier um die zentrale Lehre der Bibel: Um die Gerechtigkeit aus dem Glauben.

Der Heilige Geist zeigt uns Gottes Alternative

Der Heilige Geist öffnet uns auch die Augen dafür, dass der Fürst dieser Welt bereits gerichtet ist. Satan ist aus dem Himmel ausgestoßen. Sein endgültiges Ende steht bevor. Wenn *wir in Christus sind*, kann er uns nichts anhaben, es sei denn, Gott gibt ihm eine begrenzte Erlaubnis. Wenn Gott das tut, dann dient es uns zum Besten und geht nicht über unsere Tragkraft (Röm. 8,28; 1. Kor. 10,13). Denn Gottes Wort sagt uns in 1. Joh. 5,18 LU:

---

7   Morris Venden, *95 Thesen über die Erlösung aus dem Glauben* (Lüneburg 2009), S. 40 / *95 Theses on Righteousness by Faith* (PPPA 2003)

»*Wir wissen, dass, wer von Gott geboren ist, der sündigt nicht, sondern wer von Gott geboren ist, **den bewahrt er, und der Arge wird ihn nicht antasten**.*«

Jesus will uns vor der Sünde bewahren und uns beschützen vor den Angriffen Satans.[8]

Andererseits will der Heilige Geist auch allen Menschen die Augen dafür öffnen, dass das Gericht kommt. Keiner kann diesem Gericht entkommen. Es ist sicher nicht Gottes Absicht, Menschen durch den Hinweis auf das Gericht und damit durch Furcht zum Glauben zu bringen. Dennoch wurde die Erkenntnis, dass das Gericht kommt, schon für viele Menschen ein starker Impuls zur Umkehr. Gott wäre nicht gerecht, wenn er uns nicht ehrlich und offen die Alternativen aufzeigen würde, vor denen wir stehen. Er will uns helfen, die richtige Entscheidung zu treffen.

Verständnis schenken für die Wahrheit

Der Heilige Geist wird uns in alle Wahrheit leiten. Er will uns befreien von falschen Auffassungen, von Irrtümern und Verführungen. Er leitet uns auch in die Wahrheit über uns selbst, damit wir mit Gottes Hilfe – wo immer nötig – eine Kurskorrektur vornehmen können.

Das Verständnis öffnen für die Zukunft

Der Heilige Geist hat auch die Aufgabe, uns das Zukünftige zu verkünden. Jesus selbst hat ja zum Beispiel in Matthäus 24 deutlich über die Zukunft gesprochen. Aber der Heilige Geist hat die Aufgabe, uns mehr Licht über die Zukunft zu geben. Wenn wir ihm Raum geben, dann kann er uns auch die Prophetie öffnen. Und ist es nicht erstaunlich, dass alle sieben Sendschreiben in Offenbarung 2 und 3 mit derselben Aufforderung Jesu schließen: »*Wer Ohren hat, der höre, was der Geist den Gemeinden sagt!*« (Offb. 2,7 u.a.) Auch an uns – an die Endzeitgemeinde – richtet Jesus diesen Aufruf, auf den Geist zu hören. Tun wir das?

---

[8] Dieses Thema ist sehr gut ausgeführt in dem 40-Tage-Buch von Dennis Smith Nr. 2: *Vertiefung deiner Gottesbeziehung*, Kapitel 4

Jesus für uns groß machen

Der Heilige Geist wird Jesus verherrlichen. Wenn wir erfüllt sind vom Heiligen Geist, wird uns Jesus Schritt für Schritt wertvoller und größer. Es wird eine neue und viel größere Wertschätzung für Jesus in uns entstehen.

Kraft durch den Heiligen Geist

Diese Hinweise auf den Dienst des Heiligen Geistes gab Jesus in seiner Abschiedsrede. Beim Abschied selbst ergänzt er noch: »*Aber ihr werdet mit dem Heiligen Geist erfüllt werden, und dieser Geist wird euch die Kraft geben, überall als meine Zeugen aufzutreten: in Jerusalem, in ganz Judäa und Samarien und bis ans äußerste Ende der Erde.*« Apg. 1,8 GNB

Eine weitere wichtige Aufgabe des Heiligen Geistes ist es, uns Kraft zu schenken, damit wir ein Leben als Zeugen Jesu führen können.

Kraft ist auch nötig für die in unserer Zeit sehr notwendigen Lebensstiländerungen. Don Mackintosh, der Leiter des Newstart Global Programms in Weimar, sagt: »Was wir brauchen, ist Gesundheitsinformation in Verbindung mit der Kraft, dies in die Praxis umzusetzen. Es geht um die Kraft zur Veränderung.«[9]

Hier geht es um die Kraft des Evangeliums und noch genauer um die Kraft des Heiligen Geistes.

Wir könnten noch weitere wertvolle Segnungen des Heiligen Geistes erwähnen, aber das wäre im Augenblick zu viel. Reicher Segen Gottes wartet auf uns.

Das vierfache Werk des Heiligen Geistes

Zusammenfassend können wir sagen: Durch das Wort Gottes können wir vier Hauptbereiche im Dienst des Heiligen Geistes unterscheiden. Der erste und zweite Bereich – Sündenerkenntnis und Jesuserkenntnis, Erkenntnis, dass ich einen Erlöser brauche und mich ihm hingebe – beschreibt sein Wirken **an allen Menschen**. Der dritte und vierte Bereich – Geistesfrucht und Geistesgaben – zeigt sein Wirken **in den gottgeweihten Nachfolgern Jesu**.

---

9   David Fiedler, D'Sozo (Remnant Publications), Forword

Die Elemente einer Erweckung umsetzen

Wir beten seit einiger Zeit um eine Erweckung. Aber es geht nicht nur darum, für eine Erweckung zu beten, sondern – wie Mark Finley sagt – auch darum, **»die Elemente einer Erweckung in die Praxis umzusetzen«.** [10]

Eine Erweckung der Gemeinde hängt ab von der Erweckung des Einzelnen. Darf ich dich daher nachdrücklich einladen, doch die Schritte zur persönlichen Erweckung mitzugehen? Dies wird für viele zu einem kraftvolleren und erfüllteren Leben führen.

Jesus und die »törichten Jungfrauen«

Jesus sagte zu den »törichten Jungfrauen«: Ich kenne euch nicht. Daher wurden sie nicht zur Hochzeit d.h. ins Reich Gottes eingelassen. Der Grund war: Ölmangel. Dieser ist ein Symbol für den Mangel an Heiligem Geist in ihrem Leben. E.G. White sagt dazu: »Die Bezeichnung ›törichte Jungfrauen‹ präsentiert den Charakter jener Menschen, **die keine durch den Heiligen Geist bewirkte, aufrichtige Herzensveränderung erlebt haben.**« [11] Wir haben eine sündige Natur. Daher sind wir mehr oder weniger deutlich alle Egoisten. Unter dem Egoismus aber leiden wir. Da jedoch keine Egoisten ins Reich Gottes kommen, ist eine Charakterveränderung unbedingt notwendig. Das Wort Gottes zeigt uns, dass jeder zu Jesus kommen darf wie er ist. Aber wir erkennen auch, dass keiner so bleiben darf, wie er ist. Ein deutliches Beispiel: Wenn sich ein Dieb bekehrt, kann und wird er nicht weiter Diebereien begehen.

> *Beachte, dass die törichten Jungfrauen Gott deswegen nicht kennen, weil sie ihr Leben nicht dem Wirken des Heiligen Geistes anvertraut haben.*

»Unsere Erlösung hängt nicht davon ab, was wir wissen, sondern davon, wen wir kennen. ... (Joh. 17,3) Was wir wissen, ist wichtig, aber ohne

---

10 Mark Finley, *Belebe uns neu*, S. 25 / *Revive Us Again* (PPPA 2010)
11 *Bilder vom Reiche Gottes*, S. 334.335 Hervorhebung durch den Autor – Review and Herald, 19.08.1890

die rettende, persönliche Beziehung zu Jesus sind wir verführt und am Ende verloren. ... Ein verstandesmäßiges Wissen über Gott ist nicht dasselbe wie eine innige, vom Herzen ausgehende intime Vertrautheit.«[12] Die innige, rettende Beziehung mit Jesus führt dazu, dass wir ihm ähnlicher werden. Sie führt zu einer positiven Charakterveränderung, zum Leben in Fülle (Joh. 10,10; Eph. 3,17; Kol. 2,10) und zu einem Leben in Freude (Joh. 15,11).

Das ist sicher für Jesus ein wichtiger Grund gewesen, uns so intensiv aufzurufen, fortlaufend um den Heiligen Geist zu bitten.

Im nächsten Teil zeigt uns Jesus wichtige Gesichtspunkte, wie die Kraft des Heiligen Geistes unseren Charakter verändert.

JESUS ÜBER DEN HEILIGEN GEIST IM GLEICHNIS VOM SAUERTEIG

Jesus zeigt uns in diesem Gleichnis die verändernde Kraft des Heiligen Geistes. Wenn man das Gleichnis liest, denkt man zunächst gar nicht, dass es vom Heiligen Geist handeln könnte. Wir lesen das Gleichnis vom Sauerteig in Luk. 13,20.21 LU:

> *«Und abermals sprach er: Wem soll ich das Reich Gottes vergleichen? Es ist einem Sauerteig gleich, welchen eine Frau nahm und vermengte ihn unter drei Scheffel Mehl, bis dass es ganz durchsäuert war.«*

Sauerteig wird beim Backen verschiedener Brotsorten verwendet. Wenn er in das Mehl gegeben wird, ruft er einen Gärungsprozess hervor, der zur Lockerung des Teiges führt. Dadurch soll das Brot für den menschlichen Geschmack angenehm gemacht werden.

Jesus will uns mit diesem Bild bestimmte Prinzipien des Reiches Gottes deutlich machen. Es geht um einen großartigen Prozess, der klein anfängt, aber dann zu einem erstaunlichen Ende führt, denn es steht da: *»bis es ganz durchsäuert war«*. Jesus will anstelle des Egoismus sein Leben der selbstlosen Liebe in uns gestalten.

E.G. White sagt: »Das wirkliche Zeichen dafür, dass Gott eine wahre Erweckung in unserer Mitte wirkt, wird die Veränderung sein, die in unserem Leben geschehen wird.«[13]

---

12 D. Smith, *40 Tage, Vertiefung Deiner Gottesbeziehung*, (Wien, 2013), S. 112 / *40 Days – Prayers and Devotions to Revive Your Experience With God* (R&H, 2011), S. 61

13 E.G. White, *Das bessere Leben*, S. 120

Ich denke, dass Jesus hier einerseits den Einfluss des Evangeliums auf die Welt zeigen will. Er zeigt, dass das Evangelium, obwohl es klein angefangen hat am Ende die ganze Welt durchdringen wird.

Zum anderen zeigt er uns, wie die verändernde Kraft Gottes, der Heilige Geist, in unserem Leben wirkt. Denn er sagt in Luk. 17,20.21 LU:

> *»Das Reich Gottes kommt nicht so, dass man's mit Augen sehen kann; man wird auch nicht sagen: Siehe, hier! Oder: da! Denn siehe, das Reich Gottes ist mitten unter euch.«*

Das Reich Gottes war damals unter ihnen in der Person Jesu. Jesus personifiziert das Reich Gottes, Satan das Reich des Bösen. Das Reich Gottes beginnt in unserem Leben durch die Aufnahme Jesu als Erlöser und Herr. (Joh. 1,12; Offb. 3,20) Wenn wir in ihm bleiben und er in uns bleibt, dann beginnt für uns durch seine Wiederkunft das sichtbare Reich Gottes. Im Augenblick betrachten wir jedoch die Entwicklung des Reiches Gottes in uns durch das Innewohnen Jesu. Jesus kann nur in uns wohnen durch den Heiligen Geist. Es gibt weitere wichtige Erkenntnisse aus diesem Gleichnis.

Die verändernde Kraft wirkt still

Der Sauerteig ist **»ein Bild für die neubelebende, umgestaltende Kraft der göttlichen Gnade... Die erneuernde Kraft muss von Gott kommen; nur der Heilige Geist kann eine derartige Wandlung erzielen«**[14]. Es handelt sich hier um eine innere Kraft, die alles durchdringen und regelrecht umwandeln kann. Auf diese Weise will Gott durch den Heiligen Geist unseren Charakter positiv verändern. Diese Charakterveränderung ist ein wichtiges Signal. Ich wiederhole:»Das wirkliche Zeichen dafür, dass Gott eine wahre Erweckung in unserer Mitte wirkt, wird die Veränderung sein, die in unserem Leben geschehen wird.«[15]

Die Bibel zeigt uns, dass der erste Empfang des Heiligen Geistes manchmal von sicht- oder hörbaren Umständen begleitet war. Aber die Veränderung unseres Charakters geschieht – vorausgesetzt, wir sind

---

14 E.G. White, *Christi Gleichnisse* (Hamburg, 1966), S. 67, 68 / *Christ Object Lessons* S. 95.3 + 96, egwwritings.org

15 E.G. White, *Das bessere Leben*, S. 120

> *Der Sauerteig ist »ein Bild für die neubelebende, umgestaltende Kraft der göttlichen Gnade... Die erneuernde Kraft muss von Gott kommen; nur der Heilige Geist kann eine derartige Wandlung erzielen.*

vom Heiligen Geist erfüllt in aller Stille, bis wir auf einmal feststellen, dass sich bei uns etwas positiv verändert hat.

E.G. White: »Der im Mehl verborgene Sauerteig wirkt unsichtbar und durchsäuert alles. Genauso unmerklich, still und stetig will der Heilige Geist in unserem Leben wirken. Unter seinem Einfluss werden die natürlichen Neigungen gemildert und bezwungen. Außerdem werden neue Gedanken, neue Empfindungen und neue Beweggründe eingepflanzt. Unsere Geisteskräfte werden in ganz neue Bahnen gelenkt. Das Gewissen wacht auf. Uns werden Charakterkräfte verliehen, die uns befähigen, Gott in rechter Weise und treu zu dienen.«[16]

Warum verändert unser Gott uns so still, so unmerklich, bis wir das Ergebnis erkennen? Ist für die Veränderung eine stille Zeit nötig wie bei der Wiederbelebung der Natur nach dem Winter? Starke Pflanzen wie z. B. die Eiche wachsen in der Regel langsam. Prüft Gott auf diese Weise auch, ob wir wirklich Verlangen nach dem Heiligen Geist haben? Prüft er unseren Glauben?

> **Die unseren Charakter verändernde Kraft muss von außen kommen. Sie ist nicht in uns.**

---

16 E.G. White, *Christi Gleichnisse* (Hamburg, 1966), S. 69 / *Christ Object Lessons* S. 98, egwwritings.org

Wir müssen zunächst festhalten: »Der Mensch kann sich trotz großer Willensanstrengung nicht selbst umbilden. Dazu reicht seine Kraft nicht. Bevor das Mehl sich in der gewünschten Weise innerlich verändern kann, muss Sauerteig hinzugefügt werden – also **etwas, das völlig von außerhalb kommt.**«[17] Hier haben wir einen ganz entscheidenden Punkt. Jesus zeigt, dass wir für unsere charakterliche Veränderung eine Kraft benötigen, die von außen kommt. Sollten wir nicht bei einer so entscheidenden Angelegenheit auch an das Jesuswort denken: »*Ohne mich könnt ihr nichts ausrichten.*« (Joh. 15,4 GNB)?

Dieser wichtige Hinweis Jesu steht in direktem Gegensatz zu dem, was heute meistens gelehrt wird. Ob Humanismus oder Esoterik, menschliche Philosophie oder manche Bereiche der Pädagogik, sie lehren alle, dass die Kraft für unsere Entwicklung in uns ist. Sie müsse nur auf diese oder jene Weise geweckt werden. Hier sehen wir erneut die Verführung in der Endzeit. Denken wir nur einmal an das Stichwort »Selbstverwirklichung«. Der Apostel Paulus sagt von sich und das gilt für uns alle: »*In mir ... wohnt nichts Gutes*« (Röm. 7,18 LU) Was wird unter diesen Umständen das Ergebnis der Selbstverwirklichung sein? Wir können es nachlesen in 2. Tim. 3,1-8 GNB: »*In der letzten Zeit vor dem Ende der Welt stehen uns schlimme Zustände bevor.*« Der Egoismus regiert. Es geht für uns nicht um Selbstverwirklichung, sondern um Christus-Verwirklichung. Es geht darum, dass Christus in uns lebt durch den Heiligen Geist und uns positiv verändert.

Eine Schwester schrieb nach dem Lesen der Broschüre *Schritte zur persönlichen Erweckung:* »Es ist einfach überwältigend. Meine persönliche Einstellung zu Jesus ist viel klarer geworden, meinen Selbstwert habe ich in ihm gefunden.«

Wir haben selbst keine Kraft für unsere charakterliche Umwandlung. Sie muss von außen kommen. Aus diesem Grund hat Jesus uns so deutlich in Lukas 11,9-13 darauf aufmerksam gemacht, dass wir um den Heiligen Geist bitten sollen, und zwar, dass wir laufend um ihn bitten sollen. Jesus hat in seiner Erdenzeit täglich neu den Heiligen Geist empfangen. Für uns ist es daher noch notwendiger. Wenn ich daran denke, was Gott uns täglich durch den Heiligen Geist schenken will, dann meine ich, dass unser wunderbarer Gott uns jeden Morgen umarmen will.

---

17 E.G. White, *Christi Gleichnisse* (Hamburg, 1966), S. 68 [COL 96]

E.G. White sagt zu diesem Gleichnis: »Alle Erziehung und Bildung, die die Welt vermitteln kann, vermag nicht, ein heruntergekommenes Kind der Sünde in ein Kind des Himmels umzugestalten. Die erneuernde Kraft muss von Gott kommen; **nur der Heilige Geist kann eine derartige Wandlung erzielen.** Jeder, der gerettet werden will – er sei hoch oder niedrig, reich oder arm –, muss sich dem Wirken dieser Macht unterordnen.«[18]

Diese Erkenntnis hat auch wichtige praktische Auswirkungen. Kann eine Frau ihren Mann charakterlich verändern oder umgekehrt? Nein. Aber jetzt verstehe ich Gottes Anweisung für Eheleute in 1. Petrus 3,1-6 viel besser. Wenn die Frau sich durch den Heiligen Geist innerlich verändern lässt, tritt ein: »*Das Beispiel eures Lebens wird sie mehr überzeugen als alle Worte. Sie werden für Gott gewonnen werden, wenn sie sehen, wie ihr vorbildlich und in Ehrfurcht vor Gott lebt*« (Vers 1.2 GNB); in Vers 4 spricht es von »*der unvergänglichen Schönheit eines freundlichen und stillen Herzens, das Gott so sehr schätzt ...*«(GNB). Wir müssen uns unter Umständen fragen: Was hat mein Reden bis jetzt gebracht? Wenn wir »*in Freundlichkeit und Herzensgüte*« (Vers 4 GNB) leben und im Heiligen Geist für den Mann (die Frau, die Kinder) beten, dann dürfen wir größere Erwartungen haben. Wir werden ja aufgefordert: »*Betet im Heiligen Geist.*« (Judas 20) Jemand schrieb kürzlich voller Freude: »Durch meine völlige Hingabe an Jesus hat Gott mein Leben in nur einem Monat komplett verändert.«

Sollten wir diese Erkenntnisse nicht auch stärker in der Erziehung berücksichtigen? E.G. White sagt: »Lehre deine Kinder, dass es ihr Vorrecht ist, jeden Tag eine Taufe [Erfüllung] mit dem Heiligen Geist zu empfangen.«[19] Sollten wir nicht auch kleine Kinder lehren, etwa wie folgt zu beten: Vater im Himmel, hilf mir, dir heute in allem zu folgen und schenke mir Deinen Heiligen Geist.

Sir Winston Churchill, der Premierminister Großbritanniens während des Zweiten Weltkriegs, soll gesagt haben: Wir haben alle Dinge in den Griff bekommen, mit einer Ausnahme: den Menschen. Ja, so ist es. Der Mensch kann durch bloße äußere Einflüsse nicht grundlegend verändert werden. Dazu ist eine Kraft von oben nötig. Es geht um die Kraft Gottes, die nur durch den Heiligen Geist in uns wirksam werden kann.

---

18 E.G. White, *Christi Gleichnisse* (Hamburg 1966), S. 68 [COL 96]
19 E.G. White, *Child Guidance*, S. 68.4 (egwwritings.org)

Halten wir also fest: Die verändernde Kraft für unseren Charakter muss von außen aufgenommen werden. Da das Wort Gottes uns außerdem sagt, dass der innere Mensch erneuert wird von Tag zu Tag (2. Kor. 4,16), ist es so entscheidend, täglich am Morgen im Glauben um den Heiligen Geist zu bitten und ihn zu empfangen.

> *Der Heilige Geist beginnt sein Wirken an unserem Herzen und wirkt von dort nach außen*

Die nächste entscheidende Lehre, die Jesus über den Heiligen Geist im Gleichnis vom Sauerteig vermittelt, ist die folgende. Ich zitiere aus *Christi Gleichnisse*:

»Wenn der Sauerteig ins Mehl gemischt ist, wirkt er von innen nach außen. So ändert auch die Gnade Gottes unseren Lebenswandel, indem sie das Herz erneuert. Eine nur äußerliche Wandlung genügt nicht, um mit Gott ins Reine zu kommen. Viele versuchen sich durch das Ablegen dieser oder jener schlechten Gewohnheit zu ändern und hoffen, so Christen zu werden; indes, sie fangen es falsch an: wir müssen mit dem Herzen beginnen.

Sich zu Glaubenslehren zu bekennen oder aber die Wahrheit ins Herz aufgenommen zu haben, das sind zwei grundverschiedene Dinge. Die bloße Kenntnis der Wahrheit genügt nicht. Wir können sie besitzen, ohne dass sich die Hauptrichtung unserer Gedanken ändert. Das Herz muss bekehrt und geheiligt sein. Wer die Gebote aus Pflichtgefühl zu halten versucht – weil man es eben von ihm verlangt [oder erwartet] –, wird nie die Freude erfahren, die der Gehorsam in sich birgt; denn in Wirklichkeit gehorcht er gar nicht. Solange wir die Forderungen Gottes als eine Last ansehen, weil sie unseren menschlichen Neigungen zuwiderlaufen, solange führen wir kein christliches Leben. Wahrer Gehorsam kommt von innen.«[20]

Wenn wir uns im Herzen ändern, dann ändert das unseren Charakter und auch unser Äußeres.

---

20 E.G. White, *Christi Gleichnisse*, S. 68/69 [COL 96]

Ralph Luther sagt dazu: »Jesus lehnt es mit gewaltigen Worten ab, eine reine innerliche religiöse Haltung, die das praktische Leben an der Wurzel unverändert lässt, als Glauben anzuerkennen.«[21]

In *Das Leben Jesu* lesen wir:»Der Heilige Geist ist der Atem des geistlichen Lebens in uns. **Die Erfüllung mit dem göttlichen Geist ist die Erfüllung mit dem Leben Christi.** Der Geist durchdringt den Empfänger mit den Eigenschaften Christi. Nur wer auf diese Weise von Gott unterwiesen ist, wer die nach innen gerichtete Wirksamkeit des Geistes spürt und in wem sich das christusähnliche Leben offenbart, der kann als Bevollmächtigter der Gemeinde dienen.«[22]

Lasst uns bitte aus dieser wertvollen Belehrung Jesu über den Heiligen Geist Folgendes festhalten:

1. Die verändernde Kraft wirkt durch den Heiligen Geist in uns zunächst unmerklich. Wir sehen oft erst das Ergebnis.
2. Die verändernde Kraft für unser Leben muss von außen in unser Leben hineinkommen.
3. Die verändernde Kraft beginnt an unserem Herzen und wirkt von da nach außen.

Ich empfehle sehr, im Buch *Christi Gleichnisse* (neuer Titel: *Bilder vom Reiche Gottes*) das Kapitel »Einem Sauerteig gleich« zu lesen. Es hat mir sehr viel gegeben.

Jesu letztes Wort: Hört auf den Heiligen Geist

Wissen wir, was das letzte Wort ist, das Jesus aus der Herrlichkeit des Himmels der Endzeit-Gemeinde gesagt hat? *»Wer Ohren hat, der höre, was **der Geist** den Gemeinden sagt!«* (Offb. 3,22) Jesus ruft jeden von uns auf, auf den Heiligen Geist zu hören. Das wollen wir tun.

---

21 Ralph Luther, 71f, zitiert in O.S.von Bibra, *Der Name Jesus* (Wuppertal, 1964), S. 98
22 E.G. White, *Das Leben Jesu* (Hamburg 1973), S. 806/807 / *The Desire of Ages* S. 804,805

Mich verändern!?

Ob Jesus mich wohl auch so verändern kann? Nehmen wir als Beispiel ein wunderschönes Gemälde. Sein Wert kommt nicht zuerst aus der Beschaffenheit des benützten Materials. Nur wenige Farben schon, unter Umständen von einfacher Qualität, können sich unter der Hand eines Könners zu einem kostbaren Gemälde gestalten. Wir haben eine sündige Natur. Aber es kommt darauf an, dass dieses »Material« von einem großen Künstler bearbeitet wird.

Jesus will es tun, und er ist in der Lage es zu tun. Er kann aus dir und mir etwas zu seiner Ehre gestalten. Gib dich täglich und willig in seine Hand durch eine volle Hingabe und durch die Glaubensbitte um den Heiligen Geist. Du wirst staunen, was er für dich, in dir und durch dich tun kann.

Dazu die folgende Illustration: Ein alter Bettler spielte auf seiner Geige an der London Bridge in London. In seinem alten Hut waren nur ein paar Münzen. Da ging ein Mann an ihm vorbei, kehrte dann plötzlich um und sagte zu ihm: Geben Sie mir doch mal ihre Geige. Und dann spielte er so herrlich auf dieser Geige, dass alle Leute stehen blieben. Es kam zu einem regelrechten Verkehrschaos. Der Mann hieß Niccolo Paganini, und er war der berühmteste Geigenvirtuose seiner Zeit. Du hast die Wahl, in deinem Leben selbst »die erste Geige zu spielen« oder sie in die Hände des großen Meisters zu geben.

Lehrerin und Schüler erfahren die Kraft Gottes

Als vor etwa einem Jahr in meiner Heimatgemeinde »Schritte zur persönlichen Erweckung« von H. Haubeil verteilt wurde, hatte ich das Heft innerhalb kürzester Zeit durchgelesen. Schon während des Lesens machte ich mehr Erfahrungen mit Gott als je zuvor und das faszinierte und ermutigte mich.

Im Anhang der Lektüre fand ich abschließend folgenden Hinweis:
»Pädagogische Forschung hat gezeigt, dass es nötig ist, ein solch entscheidendes Thema für unser Leben sechs bis zehnmal zu lesen oder zu hören, ehe man es gründlich begriffen hat.«
Die mutmachenden Worte ließen mich nicht mehr los:
»Probiere es wenigstens einmal aus. Das Ergebnis wird Dich überzeugen.«

Das wollte ich erleben und schon beim dritten Mal ergriff es mich und ich verspürte eine große Liebe für unseren Erlöser, nach der ich mich mein Leben lang gesehnt hatte. Ich las es sechsmal hintereinander innerhalb von zwei Monaten und das Ergebnis war es wert.

Es war, als könnte ich nachempfinden, wie es sein muss, wenn Jesus sich uns nähert und wir ihm in seine reinen, gütigen und liebevollen Augen schauen können. Diese Freude für unseren Heiland wollte ich von da an nicht mehr missen.

Beim Aufwachen sehnte ich mich schon nach der Morgenandacht, um endlich wieder Gemeinschaft mit Gott zu erleben und untertags betete ich still, dass der Heilige Geist meine Gedanken bei Gesprächen, beim Vorleben, Unterrichten und Vermitteln unterstützen möge.

Wenn ein Kind nach Aufmerksamkeit hungerte und sich entsprechend benahm, schenkte Gott die Kraft und Weisheit zu handeln.

Die Arbeitstage sind seitdem erfüllt von der Anwesenheit des Schöpfers. Er hilft mir buchstäblich im Alltag. Seitdem bete ich täglich morgens und zwischendurch um Erfüllung durch den Heiligen Geist. Es ist, als wäre man dem Himmel näher gekommen und hätte geschmeckt wie schön es dort sein wird.

Während des Lesens der Broschüre kam mir der Gedanke, dass auch meine Schüler an der Schule an dieser Erfahrung teilhaben sollten. Ich unterrichte die 10-15-jährigen an unserer adventistischen Privatschule Elia in Vorarlberg, in Lustenau. So betete ich um geführte Gelegenheiten. Eine meiner schönsten Erfahrungen, wie der Heilige Geist an jungen Herzen wirkt, kam bald darauf.

13-jähriger Raufbold und der Heilige Geist

Das Erlebnis begann *ein Jahr, bevor ich die Lektüre über den Heiligen Geist kennenlernte*. Ein neuer Schüler kam an die Schule und innerhalb weniger Tage war unsere friedliche Oase in eine derbe Raufstube verwandelt. Der Junge war damals 13 Jahre alt, der größte aller Kinder und dementsprechend stark. Vieles, was im Laufe des Schuljahres erarbeitet wurde und schöne Früchte gebracht hatte, schien mit einem Schlag weg zu sein.

Lassen wir ihn selbst schildern: »Als ich auf meine jetzige Schule kam wusste ich nicht, was mich dort erwarten würde. An meinem 2. Schultag ließ ich mich provozieren, rastete aus und begann mit einem meiner

Mitschüler eine Schlägerei. Ich schlug auf ihn ein, obwohl er wesentlich schwächer war als ich, beschimpfte ihn und wollte, dass er mir nie wieder unter die Augen treten sollte.

Später sah ich alle meine Fehler ein und entschuldigte mich, wie das bis jetzt immer der Fall gewesen war. Daraufhin hatte ich ein Gespräch mit der Direktorin. In den nächsten Monaten begann in mir ein Prozess. Als Predigersohn war es recht erstaunlich, dass dieser Prozess erst jetzt richtig begann. Ich begann mehr Zeit mit Jesus zu verbringen.«

Ich dachte, dass dieser Jugendliche ganz spezielle Zuwendung brauchen würde. Er nahm sein Versagen wahr, bereute und versuchte es neu, aber es gelang ihm nicht dauerhaft aus eigener Kraft. Anfangs verging kaum ein Tag, an dem er nicht in eine Schlägerei verwickelt war, doch langsam wurde es besser.

Nach 6 Monaten meinte er, es seien die Gebete gewesen, die ihn näher zu Gott geführt hätten. Er würde mittlerweile schon selbst am Morgen um Kraft beten. Die Wutanfälle und Raufaktionen wurden seltener.

11 Monate waren vergangen, seitdem er bei uns war und man konnte noch mehr Verbesserungen erkennen. Aber sein Zorn, die Schimpfwortausbrüche, seine Fäuste, waren noch nicht dauerhaft unter Kontrolle. Es war etwas ganz Natürliches – er probierte aus eigener Kraft und mit Verstand zu siegen und das gelang mal besser, mal gar nicht. *Unser Gebet bewirkte manches, aber die Einstellung stimmte noch nicht und die erneuernde Kraft des Geistes fehlte uns.*

Was nützte es, wenn man seinen Fehler einsah, seine Wut zu zähmen versuchte, im nächsten Augenblick jedoch wieder zuschlug? Als ich erkannte, dass ich mit meiner Weisheit am Ende war, gelangte die oben erwähnte Broschüre in meine Hände. Sie kam genau rechtzeitig. Da bemerkte ich, was wir vermissten. Es war die Kraft des Heiligen Geistes. Wir hatten ihn ja noch nicht einmal gebeten, uns zu helfen!

Da ich selbst von der Botschaft »Schritte zur persönlichen Erweckung« ergriffen war, fasste ich den Mut den Jungen zu fragen, ob er schon einmal um den Heiligen Geist gebeten hätte. Nein – dem war nicht so. Da versuchte ich, ihm die Broschüre schmackhaft zu machen. Bekommen hat er sie aber nicht. Er sollte sie wirklich wollen. Er bat sehr bald selbst darum.

Hier sind seine eigenen Worte: »Im November 2012 gab mir meine Lehrerin das Büchlein «Schritte zur persönlichen Erweckung". Ich fing an, eifrig darin zu lesen. Damals war mir die Wirkung des Heiligen Geistes nicht wirklich bekannt.«

Innerhalb eines Tages hatte er schon fast die ersten zwei Kapitel verschlungen und als er fertig war, fragte er mich, beim wievielten Mal ich gerade sei. Er habe sie gleich nochmals zu lesen begonnen und werde das genau so machen, wie es im Heft hieß: 6-10x lesen.

 Seitdem hat sich viel verändert. … Ab Dezember 2012 gab es keine einzige Schlägerei oder Rauferei mehr – ich konnte es nicht fassen. Die Jungs, die er täglich zusammen geschlagen hat, sind seine Freunde geworden und sie sind einträchtig beieinander.

Er ist ganz anders geworden – höflich und sogar zuvorkommend und in sein ungestümes Wesen ist eine gewisse Art von Ruhe eingekehrt. Gott wirkt, das können seine Mitschüler bestätigen. Er lässt Gott an sich arbeiten. Man kann die Früchte spüren – jeden Tag. Zu Gottes Ehre möchte ich erwähnen, dass sich der Junge im Juni 2013 taufen ließ. Wenn das nicht der Heilige Geist war …

Ich habe mir immer gedacht, dass ich schon fertig werde mit einem Kind … und es zur Einsicht bringen kann. Geduld, Zuwendung und ewige Gespräche würden es schon machen, aber das funktionierte einfach nicht dauerhaft. Da hat Gott eingreifen müssen und mich gelehrt, dass es sein Geist ist, der auch das Unmögliche möglich macht.

Wenn dieser Junge eines Tages im Himmel ist, dann weiß ich, dass es Gott zuwege gebracht hat. Als ich mit meiner Weisheit am Ende war und endlich begriffen habe, dass nicht ich ihn lenken kann, hat Gott radikal angefangen an ihm zu arbeiten. Es macht mir Mut zu sehen, dass es bei Gott keine hoffnungslosen Fälle gibt. C.P.

Gebet: Vater im Himmel, hab Dank für die intensive Einladung Jesu, um den Heiligen Geist zu bitten. Die Verluste, die durch den Mangel am Heiligen Geist eingetreten sind, tun mir Leid. Ich brauche diesen göttlichen Beistand, damit Jesus in meinem Leben größer wird. Es gibt keinen Bereich meines Lebens, in dem ich nicht seine Hilfe brauche. Hab Dank, dass der Heilige Geist meinen Charakter verändern kann und mich geeignet machen will für das Reich Gottes. Ich übergebe mich dir mit allem, was ich bin und habe. Hab Dank für die Annahme und für deinen Segen. Hilf mir in der Erkenntnis des Heiligen Geistes zu wachsen. Amen.

KAPITEL 2

WO LIEGT DER KERN UNSERER PROBLEME?

Gibt es eine geistliche Ursache?
Ist es ein Mangel an Heiligem Geist?

URSACHEN DES MANGELS

Die Antwort der Bibel ist: »*Ihr habt nicht, weil ihr nicht bittet. Ihr bittet und empfangt nicht, darum dass ihr übel* [in fleischlicher Gesinnung, Röm. 8,5-7] *bittet.*« (Jak. 4,2.3)

Unser Herr Jesus hat uns liebevoll und eindringlich aufgefordert, um den Heiligen Geist zu bitten. (Luk. 11,9-13) Wir stellten fest, dass wir dies laufend tun sollen. Im 3. Kapitel werden wir noch näher darauf eingehen.

> »*Viele ... sprechen über Christus und über den Heiligen Geist und empfangen dennoch keinerlei Segen. Sie öffnen ihre Seele nicht der göttlichen Wirksamkeit, damit sie geleitet und gelenkt werde.*« [23]

Als Gemeinde beten wir seit einiger Zeit um eine Erweckung. Das ist sehr wertvoll. Ellen White sagte: »*Es ist das Erfülltwerden mit dem Heiligen*

---

[23]   E.G. White, *Der Eine* (Hamburg, 1977), S. 405 / *The Desire of Ages*, S. 672.1 (egwwritings.org)

Geist, das die Gemeinden heute benötigen.«[24] »Warum hungern und dürsten wir nicht nach der Gabe des Heiligen Geistes, obwohl wir durch ihn Kraft empfangen? Warum sprechen wir nicht darüber, beten nicht dafür und predigen nicht darüber?«[25]

Aber es geht nicht nur darum, für eine Erweckung zu beten, sondern – wie Mark Finley sagt – auch darum, ***die Elemente einer Erweckung in die Praxis umzusetzen«.***[26] Darf ich dich einladen, die Schritte zur persönlichen Erweckung mitzugehen? Dies wird dich zu einem kraftvolleren und erfüllteren Leben führen.

Wir wollen zunächst das Problem analysieren. Wir wollen das gründlich tun; sonst besteht die Gefahr, dass wir eine Änderung weder für wichtig noch für notwendig und wertvoll halten. Danach wollen wir Gottes Lösung betrachten, die uns einen ungeheuren Segen bietet, und schließlich, wie wir diese umsetzen und erleben können.

Der Mangel an Heiligem Geist bei uns bedeutet sicher nicht, dass alles, was wir getan haben und tun, umsonst ist. Es gab und gibt sehr gute Planungen und Programme. Der Herr hat mit Sicherheit auch unseren menschlichen Einsatz soweit wie möglich gesegnet. Aber um wie viel grösser die Ergebnisse und um wie viel besser die Situation sein könnte, wenn wir überhaupt oder stärker im Heiligen Geist leben würden, das weiß allein der Herr.

Es würde wohl in die Richtung gegangen sein und in Zukunft gehen, die Henry T. Blackaby so formuliert hat:

»Er [Gott] würde mehr in sechs Monaten erreichen durch ein Volk, das ihm hingegeben ist, als wir ohne ihn in 60 Jahren erreichen könnten.«[27]

Es geht darum, unter der Führung Gottes gleich die richtigen Wege zu gehen und in diesem Tun eine hohe Wirkung bzw. Effizienz zu haben. Das ist der Fall, wenn wir vom Heiligen Geist erfüllt sind.

---

24 E.G. White, *Manuscript Releases* Vol. 7 *(www.egwwritings.org)*, S. 267
25 E.G. White, *Testimonies for the Church* Vol. 8 *(www.egwwritings.org)*, 22
26 Mark A. Finley, *Belebe uns neu* (Lüneburg, 2011), 25 *(Revive Us Again*, PPPA 2010)
27 Henry T. Blackaby, *Den Willen Gottes erkennen und tun* (Kassel, 2002), 31 / *Experiencing God* (Nashville, 1990)

DREI MENSCHENGRUPPEN
UND IHRE PERSÖNLICHE GOTTESBEZIEHUNG

Das Wort Gottes unterscheidet drei Menschengruppen hinsichtlich ihrer persönlichen Beziehung zu Gott. Innerhalb jeder dieser Gruppen gibt es jedoch viele Schattierungen je nach Erziehung, Charakter, Selbsterziehung, Alter, Kultur, Bildung usw. Aber bei aller Unterschiedlichkeit gibt es nur drei mögliche Grundhaltungen gegenüber Gott:

▸ Keine Beziehung – die Bibel nennt dies den **natürlichen** Menschen
▸ Volle, echte Beziehung – die Bibel nennt diesen Menschen **geistlich**
▸ Geteilte oder scheinbare Beziehung – die Bibel bezeichnet diesen Menschen als **fleischlich**

Die Bezeichnungen »natürlich«, »geistlich«, »fleischlich« sind vom Worte Gottes her keine Bewertungen. Sie beschreiben lediglich die persönliche Beziehung eines Menschen zu Gott.

Die drei Gruppen werden beschrieben in 1. Kor. 2,14-16 und 1. Kor. 3,1-4. Wir wollen auf den natürlichen Menschen heute nur am Rand eingehen. Er lebt in der Welt. Ein kurzer Blick auf die beiden Gruppen innerhalb der Gemeinde hilft uns zu erkennen, wo sich das Problem hauptsächlich verbirgt. Dabei ist das Wichtigste, dass ich erkenne, zu welcher dieser Gruppen ich selbst gehöre. Daher ist unsere Betrachtung auch eine Hilfe zur Selbstdiagnose. Wir wollen dabei unser eigenes Leben betrachten und nicht das von anderen.

Was ist das Kriterium für die Zuordnung in die eine oder andere Gruppe? Wir werden bei allen drei Gruppen feststellen, dass die Einordnung aufgrund ihrer persönlichen Beziehung zum Heiligen Geist erfolgt.

Der natürliche Mensch

»*Der natürliche Mensch aber **vernimmt nichts vom Geist Gottes**; es ist ihm eine Torheit, und er kann es nicht erkennen; denn es muss geistlich verstanden sein.*« (1. Kor. 2,14)
Der natürliche Mensch hat keinerlei Beziehung zum Heiligen Geist. Er lebt in der Welt und fragt nicht oder kaum nach Gott.

Geistliche und Fleischliche sind in der Gemeinde

Die zwei Gruppen werden uns überwiegend in 1. Kor. 2 und 3, sowie Röm. 8,1-17 und in Gal. 5 und 6 vorgestellt. Wir wollen beachten, dass auch bei diesen beiden Gruppen das **Kriterium ihr Verhältnis zum Heiligen Geist ist.** Das ist deswegen so, weil nach Gottes Plan der Heilige Geist unsere einzige Verbindung zum Himmel ist. ((Leben Jesu 312 [322]; Mt. 12,32) »Das Herz muss aber zuerst für den Einfluss des Heiligen Geistes geöffnet sein, ehe es die Segnungen Gottes empfangen kann.«[28]

Das geistliche Gemeindeglied

Lesen wir nun 1. Kor 2,15.16 LU:

»*Der geistliche Mensch aber ergründet alles und wird doch selber von niemand ergründet. Denn ›wer hat des Herrn Sinn erkannt, oder wer will ihn unterweisen?‹ (Jes. 40,13)* **Wir aber haben Christi Sinn.**«

»**Wer** *dagegen* **den Geist hat**, *kann über alles urteilen, und ihn selbst kann kein anderer beurteilen.« Es heißt ja:* »*Wer kennt den Geist des Herrn? Wer will sich herausnehmen, ihn zu belehren? Und* **wir haben diesen Geist.**« (GNÜ)

Der geistliche Mensch ist der wahre Christ. Er wird »geistlich« genannt, weil er erfüllt ist vom Heiligen Geist. Auch hier ist die Beziehung zum Heiligen Geist das Kriterium für die Zuordnung. Dieser Mensch hat eine gute und wachsende Beziehung zum Heiligen Geist. Bei ihm ist Jesus im Zentrum seines Lebens; wir sagen manchmal auch: Jesus ist »*auf dem Thron des Herzens*«. Der geistliche Mensch hat sich Jesus grundlegend und völlig übergeben und wird es in der Regel täglich bestätigen, indem er sich jeden Morgen Jesus Christus weiht, und zwar mit allem, was er ist und hat. In der Laodizea-Botschaft wird er als »heiß« bezeichnet, im Gleichnis von den zehn Jungfrauen als »klug«. Röm. 8,1-17 und Gal. 5 sagen noch mehr über ihn. Er erlebt das »*Leben in Fülle*« (Joh. 10,10) oder wie Paulus es ausdrückt: »*Damit ihr erfüllt werdet mit aller Gottesfülle.*« (Eph. 3,19; Kol. 2,9)

---

28 E.G. White, *Leuchtende Spuren* (Hamburg, 1959), S. 69

Das fleischliche Gemeindeglied

Man kann kurze Zeit oder auch schon lange Gemeindeglied sein und dennoch fleischlich sein. Solltest du zu deiner Überraschung erkennen, dass du zurzeit noch ein fleischlicher Christ bist, dann ärgere dich nicht darüber, sondern im Gegenteil freue dich, denn dann hast du die Möglichkeit, es sofort zu ändern. Ich bin überzeugt, dass die meisten fleischlichen Christen es aus Unwissenheit sind und sich eigentlich nach mehr im Glauben sehnen. Dabei wird die Unwissenheit in der Regel nicht einmal ihre eigene Schuld sein. Bedenke: du wirst durch ein Leben mit Christus im Herzen durch den Heiligen Geist große Freude erleben. (Jesus in Joh. 15,11: »*und eure Freude vollkommen werde*«). Du wirst durch diese Veränderung Schritt für Schritt das ›Leben in Fülle‹ erfahren (Jesus in Joh. 10,10 – später mehr) und hast eine begründete Hoffnung auf das ewige Leben.

Gebet: Vater im Himmel, bitte mache mich willig, mich dieser Frage zu stellen. Sollte ich ein fleischlicher Christ sein, dann bitte ich Dich herzlich: Schenke mir die Größe, dies sofort anzuerkennen. Mache mich willig, für alles bereit zu sein, was du willst. Ich bitte Dich: Führe mich zu einem glücklichen Christenleben, zu dem von dir verheißenen Leben in Fülle und zum ewigen Leben. Bitte erneuere du mein Herz. Hab' herzlichen Dank für die Erhörung dieses Gebets. Amen.

In 1. Kor. 3,1-4 LU steht ein Wort des Apostels Paulus an fleischliche Gemeindeglieder: »*Und ich, liebe Brüder, konnte auch mit euch **nicht reden als mit geistlichen Menschen**, sondern als mit fleischlichen, wie mit jungen Kindern in Christus. Milch habe ich euch zu trinken gegeben, und nicht feste Speise; denn ihr konntet sie noch nicht vertragen. Auch jetzt könnt ihr's noch nicht, weil ihr noch fleischlich seid. Denn wenn Eifersucht und Zank unter euch sind, seid ihr da nicht fleischlich und wandelt nach menschlicher Weise? Denn so einer sagt: Ich bin paulisch, der andere aber: Ich bin apollisch, ist das nicht menschlich geredet?*«

Merken wir nicht auch hier deutlich, dass das Kriterium für die Zuordnung in diese Gruppe das persönliche Verhältnis zum Heiligen Geist ist? Der Apostel Paulus spricht in diesen wenigen Versen drei Mal davon, dass die Gemeindeglieder in Korinth fleischlich sind. Was bedeutet fleischlich? Es meint: Dieser Mensch lebt aus der Kraft des Fleisches, d.h. aus den normalen Kräften und Fähigkeiten, die der Mensch hat. Darüber hinaus bedeutet es, dass er nicht erfüllt ist vom Heiligen Geist oder es zumindest nicht ausreichend ist.

Manche denken, diese Gruppe bestehe nur aus Leuten, die in groben Sünden leben. Aber das ist nur eine von vielen Schattierungen innerhalb dieser Gruppe. Ich möchte noch einmal betonen, dass es in allen Gruppen viele Unterschiede gibt.

Paulus spricht die fleischlichen Menschen als »*liebe Brüder*« an. Das zeigt, dass es sich um **Gemeindeglieder** handelt. Paulus konnte mit ihnen »*nicht reden als mit geistlichen Menschen*«. Das heißt: **Sie sind nicht oder nicht ausreichend vom Heiligen Geist erfüllt**. Er musste mit ihnen reden »*wie mit jungen Kindern in Christus*«. Das zeigt, dass sie im Glauben nicht so gewachsen sind wie es sein sollte. Man kann große Bibelkenntnisse haben und dennoch geistlich nicht gewachsen sein. Das geistliche Wachstum hat mit unserer vollen Hingabe an Jesus und mit dem beständigen Leben im Heiligen Geist zu tun. Es war Paulus ein großes Anliegen, das Problem des fleischlichen Christseins in der Gemeinde Korinth zu beheben.

In seinem Glaubensleben empfindet mancher fleischliche Christ Unzufriedenheit, Enttäuschung, Sinnlosigkeit oder eine beständige Anstrengung.

Andere fleischliche Gemeindeglieder haben sich an diesen Stand gewöhnt oder sich damit abgefunden und sind damit weitgehend zufrieden. Vielleicht sagen sie: »Wir sind halt Sünder! Da kann man nichts machen.«

Wieder andere fleischliche Christen mögen begeistert sein. Sie freuen sich, dass sie die Wahrheit der Bibel erkannt haben. Fleischlich gesinnte Gemeindeglieder können sehr aktiv sein und sogar Führungspositionen in der Gemeinde oder der Leitung unserer Kirche innehaben. Sie können sogar Großes für Gott tun.

Mt. 7,22.23: »*Es werden viele zu mir sagen an jenem Tage: Herr, Herr, haben wir nicht in deinem Namen geweissagt? Haben wir nicht in deinem Namen böse Geister ausgetrieben? Haben wir nicht in deinem*

Namen viele Taten getan? Dann werde ich ihnen bekennen: Ich habe euch nie gekannt; weichet von mir, ihr Übeltäter.«

Wo liegt das Problem? Jesus sagt, dass er sie nicht kennt. Sie hatten keine echte Christusbeziehung, sondern nur eine scheinbare. Es ist entweder keine Lebensübergabe erfolgt oder sie wurde nicht aufrechterhalten. Jesus hat nicht durch den Heiligen Geist in ihrem Herzen gewohnt. Sie hatten also keine persönliche Christus-Beziehung. »Es gibt auch eine scheinbare Verbindung mit Christus.«[29] Wann ist Christus nicht in uns? Ich habe dazu ein schwerwiegendes Wort gelesen. Bevor ich es erwähne, möchte ich darauf hinweisen, dass wir durch ein Leben im Heiligen Geist frei werden können von dem, was wir jetzt lesen werden:

> »Ein Geist, der mit dem Geist Christi nicht übereinstimmt, verleugnet ihn, gleichviel, welches Bekenntnis er ablegt. Christus verleugnen kann man durch üble Nachrede, durch törichtes Geschwätz, sowie durch unaufrichtige und unfreundliche Worte. Man kann ihn dadurch verleugnen, dass man den Bürden des Lebens ausweicht und sündigem Vergnügen nachgeht. Christus verleugnet ferner, wer sich der Welt anpasst, sich unhö‹ich verhält, sich an seinen eigenen Ansichten berauscht, selbstgerecht ist, an Zweifeln festhält, sich unnötige Sorgen macht und sich trübsinnigen Gedanken hingibt. **In allen diesen Dingen beweist ein Mensch, dass Christus nicht in ihm ist.**«[30]

Dies kann sich durch die Gnade Gottes rasch ändern. Wir kommen darauf zurück im dritten und fünften Teil.

Warum ist eine Lebensübergabe, eine Hingabe an Gott, wichtig?

Gottes Wort sagt: *»Brüder, weil Gott so viel Erbarmen mit uns hatte, rufe ich euch zu: Stellt euer ganzes Leben Gott zur Verfügung! Bringt ihm euch selbst als lebendiges Opfer dar, an dem er Freude hat!«* Röm. 12,1 GNÜ

»Gott will uns befreien [von der Tyrannei unseres Ichs; von der Versklavung unter die Sünde]. Das erfordert aber eine vollständige Umbildung und Erneuerung unseres Wesens, darum müssen wir uns dem

---

29   E.G. White, *Das Leben Jesu* (Hamburg, 1973), S. 676 / *The Desire of Ages*, S. 676
30   E.G. White, *Das Leben Jesu* (Hamburg, 1973), S. 349 / *The Desire of Ages*, S. 357/358

> *Brüder, weil Gott so viel Erbarmen mit uns hatte, rufe ich euch zu: Stellt euer ganzes Leben Gott zur Verfügung! Bringt ihm euch selbst als lebendiges Opfer dar, an dem er Freude hat!*

Herrn ganz hingeben.«[31] Unser Ich ist beleidigt, neidisch, ärgert sich, grollt, usw. Von dieser Haltung will uns Gott befreien.

»Er [Gott] ladet uns ein, ihm unser Ich zu geben, damit er sein Werk in uns vollbringen kann. An uns liegt es also, die Wahl zu treffen zwischen der steten Knechtschaft der Sünde und der wunderbaren Freiheit der Kinder Gottes.«[32]

Unsere erste grundlegende Hingabe beantwortet der Herr mit der Wiedergeburt (Joh. 3,1-21). Danach geht es um das Bleiben in dieser Hingabe (Joh. 15,1-17). Darüber mehr im dritten Teil.

Über die Lebensübergabe sagt Morris Venden:
»Eine teilweise Übergabe ist keine wirkliche Übergabe. ... Man kann sich nicht ein bisschen an Christus übergeben, ebenso wenig wie man nur ein bisschen schwanger sein kann. Entweder man ist es oder man ist es nicht. Ein Zwischending gibt es nicht.«[33]

Über die tägliche Hingabe lesen wir bei Ellen White:
»Nur jene, die Christi Mitarbeiter werden wollen, nur jene, die sprechen: Herr, alles was ich habe und was ich bin, ist dein, werden als Kinder Gottes anerkannt werden.«[34]

---

31 E.G. White, *Der Weg zu Christus*, S. 30 (Kapitel Hingabe) / *Steps to Christ* (Chapter on Consecration)

32 E.G. White, *Leuchtende Spuren* (Hamburg, 1959), S. 30 / *Steps to Christ* (Chapter on Consecration)

33 Morris Venden, *95 Thesen über die Erlösung aus dem Glauben* (Lüneburg, 2009), S. 51 / *95 Theses on Righteousness by Faith* (PPPA, 2003)

34 E.G. White, *Das Leben Jesu* (Hamburg, 1973), S. 620 / *The Desire of Ages*, S. 623

Man kann also in der Gemeinde sein und womöglich verloren gehen. Welche Tragik! Das Gleichnis von den zehn Jungfrauen und die Laodizea-Botschaft zeigen dies ebenfalls.[35]

Warum ist fleischliches Christsein so schwer zu erkennen?

Weil auch das Leben des fleischlichen Christen mit »Religion« angefüllt ist, erkennt er oft nicht, dass ihm das Entscheidende fehlt: die innige, rettende Gemeinschaft mit Gott. Wenn Christus das Leben nicht ganz bestimmen darf, dann steht er praktisch vor der Tür und klopft an (Offb. 3,20). Und er sagt: Wenn sich das nicht ändert, werde ich euch ausspucken.

Und noch etwas spielt eine Rolle: Wir haben durch unser starkes Lehrfundament, das sich ganz auf die Bibel gründet, feste Überzeugungen. Wichtig ist, dass wir dabei offen bleiben für weitere Erkenntnis. Wir haben die Gewissheit, dass wir die Wahrheit glauben; das begeistert uns. Wir haben sehr gute Kenntnisse. Wir sagen die richtigen Dinge. Das macht es so schwer, das Problem des Fleischlichseins zu erkennen. Spielt es nicht auch eine Rolle, ob ich jemals wirklich im Heiligen Geist gelebt habe? Wenn nicht, kann ich dann den Unterschied überhaupt bemerken?

Ein Pastor schreibt: »Ich erhielt gerade den Anruf einer Schwester, die an unserer 40-Tage-Gebetszeit teilnimmt (Näheres über die 40-Tage-Gebetszeit in Kapitel 5). Sie sagte, dass dies ihr Leben verändert hat. **Sie fragte sich ihr Leben lang, was eigentlich in ihrem Glaubensleben fehlt und jetzt weiß sie es: Der Heilige Geist.** Ich wünschte, du hättest ihr Zeugnis gehört. Sie sagte, dass sie das erste Mal in ihrem Leben merkt, dass sie eine Beziehung zu Gott hat. ... Auch andere hatten bereits die Veränderung in ihrem Leben bemerkt.«[36] Wir sehen auch an dieser Aussage: Man kann merken, dass einem etwas fehlt, aber man weiß nicht was. Viele haben ein Verlangen nach mehr und wissen nicht, was es ist und wie sie es bekommen können.

Ich bin dankbar, dass in 1. Kor. 3,1-4 drei Mal das Wort »noch« vorkommt. *»Ihr seid noch fleischlich.«* Das zeigt uns, dass es für den fleischlichen Menschen möglich ist, geistlich zu werden. Niemand muss fleischlich bleiben.

---

35 Helmut Haubeil, *In Jesus bleiben*, Kapitel 2 »Hingabe an Jesus«
36 Email an H. Haubeil, 15. Februar 2012

Da er in der Gemeinde ist, hat er die große Chance, das zu erkennen und zu ändern. Wie man geistlich werden kann, besprechen wir später.

Ein weiterer Gesichtspunkt sind Eifersucht und Zank oder wie die GNÜ sagt: »*Ihr rivalisiert miteinander und streitet euch.*« Dieses Verhalten beweist für Paulus, dass die fleischlichen Gemeindeglieder nicht aus dem Geist Gottes leben, sondern menschlich handeln – wie die anderen Menschen auch. Sie können handeln wie der natürliche Mensch; jedoch ist es in religiöser Verpackung. Deutet das darauf hin, dass Spannungen in der Gemeinde hauptsächlich von fleischlich gesinnten Gemeindegliedern ausgehen (Judas 19)? Haben in der Zeit Jesu die Pharisäer und Sadduzäer nicht auch rivalisiert? Das bedeutet, dass es schon damals Spannungen zwischen den Konservativen und den Liberalen/Progressiven gab. Die einen nahmen es sehr genau, und die anderen eher locker. Beide waren aber überzeugt, dass sie die richtige Bibelauslegung und Haltung haben. Aber Jesus zeigt uns, dass beide fleischlich waren, d. h. nicht vom Heiligen Geist erfüllt. Dasselbe ist heute auch möglich. Auch konservative Christen können fleischlich sein.

Leider wird heute teilweise durch die Brille »konservativ oder liberal/progressiv« geschaut. Der Vorteil ist, dass der Betrachter selbst dabei gut wegkommt. Bei der biblischen Einteilung »fleischlich oder geistlich« sind wir jedoch herausgefordert, eine geistliche Inventur zu machen. Dies sollten wir zu unserem eigenen Besten auch tun. – Bedenken wir, was Gottes Wort uns so deutlich in Gal. 6,7.8 sagt:

> » … was der Mensch sät, das wird er ernten. Wer auf sein Fleisch sät, der wird von dem Fleisch das Verderben ernten; wer aber auf den Geist sät, der wird von dem Geist das ewige Leben ernten.«

Der fleischliche Mensch möchte Jesus folgen und ihm gefallen, aber er hat ihm nicht sein ganzes Leben übergeben oder – wenn er es getan hat – ist er auf irgendeine Weise rückfällig geworden (Gal. 3,3; Offb. 2,4.5). Das bedeutet, dass er – vermutlich unbewusst – **gleichzeitig** nach Gottes Willen **und** nach seinen eigenen Vorstellungen leben möchte. Aber das geht nicht. Er bestimmt letzten Endes sein Leben selbst. Bei ihm sind also die sprichwörtlichen zwei Seelen in einer Brust. Kann der Herr in einem solchen Fall den Heiligen Geist geben? Jak. 4,3 antwortet darauf: »*Ihr bittet und empfangt nicht, darum dass ihr übel bittet.*« Ich bin zu dem Ergebnis gekommen, dass hier ein Bitten in fleischlicher Gesinnung gemeint ist. Würde eine Erhörung nicht bloß das Ich, das eigene Ego, verstärken? Somit lebt dieses Gemeindeglied aus den normalen menschlichen Kräften und Fähigkeiten. In Offb. 3,16 wird es als »lau« bezeichnet, in Mt. 25 als »töricht«.

Warum bezeichnet Jesus fleischliche Gemeindeglieder als lau?

Woran liegt es, dass vielen Christen eine Erfahrung mit dem Heiligen Geist fehlt? Um diese Frage zu beantworten, wollen wir uns zunächst mit dem Laodizea-Phänomen beschäftigen. Warum bezeichnete Jesus die Gläubigen der Gemeinde Laodizea als lau? Er selbst gab einen klaren Hinweis: »*Siehe, ich stehe vor der Tür* ….« (Offb. 3,20) Jesus befand sich nicht im Zentrum des Lebens dieser Gläubigen, sondern außerhalb. Er stand draußen vor der Tür. Warum ist er nicht hereingekommen? Weil er nicht eingeladen wurde. Er verschafft sich selbst keinen Zutritt, denn er respektiert unsere freie Entscheidung.

Warum lassen Gläubige Jesus draußen stehen? Dafür gibt es verschiedene Ursachen und Gründe. Manche bewegen sich im Glauben auf einer rein intellektuellen, erkenntnismäßigen Ebene wie der Schriftgelehrte Nikodemus. Sie verstehen nicht, worum es im Christenleben eigentlich geht, nämlich um unsere volle Hingabe an Gott, die er mit dem Von-neuem-geboren-werden beantwortet (vgl. Joh. 3,1-10). Anderen ist der »Preis« der Nachfolge zu hoch, sie müssten zu viel aufgeben wie der »reiche Jüngling« (vgl. Mt. 19,16-24). Jesus zu folgen erfordert Selbstverleugnung und die Bereitschaft, sein Leben zu ändern (vgl. Mt. 16,24-25), eine völlige Hingabe an Gott (Röm. 12,1). Jesus außen vor zu lassen kann auch auf reiner Nachlässigkeit beruhen, auf mangelnder Zeit der persönlichen Gemeinschaft mit ihm.

Ich wiederhole: Jesu Begründung für die Lauheit in Offb. 3,20 ist: »*Siehe, ich stehe vor der Tür.*« Jesus befindet sich also nicht im Zentrum dieses Lebens, sondern draußen oder am Rande. Bedenke: »*Niemand kann zwei Herren dienen*« (Mt. 6,24). Entweder du bestimmst dein Leben oder Jesus. Die Lauheit bezieht sich also auf die persönliche Christus-Beziehung. In anderer Hinsicht muss der Betreffende durchaus nicht lau sein.

Beispiel: Ein Mann kann sich beruflich enorm einsetzen und vernachlässigt dabei seine Frau. Er ist engagiert in seinem Beruf, aber lau in seiner Ehebeziehung. Man kann sogar ein sehr engagiertes Gemeindeglied sein, ein sehr fleißiger Gemeindeleiter oder Pastor oder Vorsteher und dennoch lau sein in seiner Christusbeziehung. Man ist so engagiert bei der Durchführung vieler Aufgaben, dass man die persönliche Christus-Beziehung vernachlässigt. **Das ist die Lauheit, die Jesus behoben haben will.** Die tragischste Möglichkeit ist, dass man so stark mit dem Werk des Herrn (mit Gemeinde- und Missionsaktivitäten) beschäftigt ist, dass man den Herrn des Werks selbst vernachlässigt.

DAS GLEICHNIS VON DEN ZEHN JUNGFRAUEN

Wir wollen noch einmal einen Blick auf dieses Gleichnis werfen. Was zeigt uns das Gleichnis Jesu von den zehn Jungfrauen im Hinblick auf die geistlichen und fleischlichen Gemeindeglieder?

- ▸ Alle zehn waren Jungfrauen
- ▸ Alle hatten Lampen
- ▸ Alle gingen dem Bräutigam entgegen
- ▸ Alle waren in der Adventerwartung
- ▸ Alle schliefen ein
- ▸ Alle hörten den Ruf und wachten auf
- ▸ Alle machten ihre Lampen fertig
- ▸ Alle Lampen brannten
- ▸ Die Hälfte stellte fest: Unsere Lampen verlöschen

Aber brennende Lampen verbrauchen Öl. Energie verbraucht sich. Nach kurzer Zeit stellten fünf fest: *Unsere Lampen verlöschen.* Die nur kurze Zeit brennenden Lampen der Törichten zeigen uns, dass sie wohl etwas Heiligen Geist hatten. Aber das reichte nicht. Das Öl war zu wenig. **Das war der einzige Unterschied!**

Als die Fünf vom Einkauf zurückkamen und Einlass erbaten, sagte Jesus: *»Ich kenne euch nicht.«* Sie haben sich zu spät um das Öl, um den Heiligen Geist, gekümmert. Die Tür blieb geschlossen.

Durch diese Aussage Jesu sehen wir deutlich, dass unsere persönliche Beziehung zu ihm mit dem Heiligen Geist zu tun hat. Wer nicht vom Heiligen Geist erfüllt lebt, wird von Jesus nicht anerkannt. In Röm. 8,8.9 LU steht: *»Die aber fleischlich sind, können Gott nicht gefallen. ... Wer Christi Geist nicht hat, der ist nicht sein.«*

Tatsächlich haben wir **nur** durch den Heiligen Geist eine wirkliche persönliche Beziehung zu Jesus. In 1. Joh. 3,24 LU steht: »*Und **daran erkennen wir**, dass er [Jesus] in uns bleibt: **an dem Geist, den er uns gegeben hat**.*« Das heißt, die Gewissheit, dass ich mit dem Heiligen Geist erfüllt bin, ist gleichzeitig die Gewissheit, dass ich in Jesus bin und er in mir.

Genau diese Erfahrung hatte auch die Schwester gemacht, die an der 40-Tage-Gebetszeit teilgenommen hatte. Durch die Gegenwart des Heiligen Geistes in ihrem Leben erlebte sie diese Beziehung zu Gott ganz anders, und auch andere bemerkten diese Veränderung in ihrem Leben. Eine Glaubensschwester aus Süddeutschland schrieb, nachdem sie diese Broschüre studiert hatte: »Gemeinsam mit den Anleitungen aus dem Buch ›40 Tage – Andachten und Gebete zur Vorbereitung auf die Wiederkunft Jesu‹ von Dennis Smith ist mir diese Broschüre in meinem Leben zu einem großen und lang erwarteten Segen geworden. Wie vielen anderen Glaubensgeschwistern ging es mir und einer Schwester aus unserer Gemeinde auch, dass uns immer etwas in unserem Glaubensleben fehlte, und wir durften nun erfahren, wie Jesus in unser Leben Einzug hielt und begonnen hat, uns zu verändern. Er tut dies immer noch, und Schritt für Schritt zieht er uns immer näher zu sich hin.«[37]

Ein Bruder schrieb: »Die Broschüre *Schritte zur persönlichen Erweckung* hat mich außerordentlich berührt ... Das Kapitel über die zehn Jungfrauen, vor allem aber Römer 8,9b: ›*Wer aber Christi Geist nicht hat, der ist nicht sein*‹ hat mich nachdrücklich schockiert. Ich war mir plötzlich nicht mehr sicher, ob ich den Heiligen Geist habe und ob er in mir wirkt, denn die entsprechenden ›Früchte‹ vermisse ich schmerzlich in meinem Leben. Heute, am Sabbatnachmittag, habe ich das Büchlein zu Ende gelesen, und eine unendliche und abgrundtiefe Trauer übermannte mich. Dann las ich das Gebet auf Seite 69, und der innige Wunsch brach in mir hervor, dass ich den Heiligen Geist empfange und sich mein Herz verändert und Gott, der Vater, mich nach seinem Willen formt. ... Danke für das Büchlein und die Worte, welche mich so sehr berührt haben.« A.P.

Die größte Tragik des fleischlichen Christen ist, dass er kein ewiges Leben erhält, wenn sich sein Zustand nicht ändert. Röm. 8,9b: »*Wer aber Christi Geist nicht hat, der ist nicht sein.*«

---

37 E-Mail an H. Haubeil, 31.März 2013

Wir wollen festhalten: Der Hauptunterschied zwischen dem geistlichen und dem fleischlichen Gemeindeglied hat mit dem Heiligen Geist zu tun. Der geistliche Christ ist erfüllt vom Heiligen Geist. Der fleischliche Christ ist es nicht oder nicht ausreichend.

Solltest du feststellen, dass du ein fleischlicher Christ bist, dann ärgere dich nicht. Gott bietet dir ein Heilmittel an: den Heiligen Geist. In manchen Kreisen wird der Heilige Geist überbetont, andere wiederum vernachlässigen ihn. Möge der Herr uns den Weg der biblischen Mitte führen.

VERGLEICH: URGEMEINDE – ENDZEITGEMEINDE

Wenn wir die Urgemeinde mit unserer heutigen Gemeinde vergleichen, kommen wir nicht umhin festzustellen, dass die Urgemeinde überwiegend aus geistlichen Menschen bestanden haben muss. Laut der Apostelgeschichte war das der Grund ihrer positiven und raschen Entwicklung. Sie hatten keine sonstigen Hilfsmittel, aber sie hatten den Heiligen Geist. Wir haben ausgezeichnete Hilfsmittel in Fülle, aber einen Mangel an Heiligen Geist.

A. W. Tozer sagt: »*Wenn der Heilige Geist heute von der Gemeinde zurückgezogen würde, würde 95 % von dem, was wir tun, weitergehen und niemand den Unterschied merken. Wenn der Heilige Geist von der neutestamentlichen Gemeinde zurückgezogen worden wäre, hätte 95 % von dem, was sie taten, aufgehört, und jeder hätte den Unterschied bemerkt.*«[38]

Haben wir gelernt, ohne den Heiligen Geist auszukommen? Besteht unsere Gemeinde heute zu einem großen Teil aus fleischlichen Christen?

Sind wir daher oft kraftlos und weitgehend ohne Sieg? Hat eine fleischliche Haltung etwas damit zu tun, dass wir nur ein schwaches Gemeindewachstum in vielen Gebieten erleben? Kommen die gravierenden Probleme in vielen Bereichen aus der fleischlichen Haltung? Wir werden mehr und mehr merken, dass unser persönliches und unser gemeinsames

---

38 S. Joseph Kidder, *Anleitung zum geistlichen Leben* (Andrews University), PPP Folie 2

Kernproblem der Mangel an Heiligem Geist ist. Im persönlichen Bereich können wir das mit Gottes Hilfe rasch ändern. Das ist unser dritter Teil.

Was anschließend für Prediger gesagt wird, gilt natürlich für jeden. Johannes Mager sagt: "Paulus unterscheidet zwischen geistlichen und fleischlichen Christen, zwischen denen, die vom Geist erfüllt sind und denen, die dem Geist keinen Raum in ihrem Leben geben: geistgetauft – aber nicht geisterfüllt.

Für einen Prediger bedeutet das: Ich kann eine fundierte theologische Ausbildung haben, mich in den Grundsprachen der Bibel auskennen und das exegetische Handwerk gekonnt ausüben; ich kann die großen Wahrheiten der Bibel intellektuell aufgenommen und verstanden haben und mich in der Dogmatik verschiedener Jahrhunderte auskennen; ich kann homiletisch auf der Höhe sein und aktuell und lebensnah predigen – und trotz all meines Wissens und meiner Gaben nicht vom Heiligen Geist erfüllt sein. Bücher, Bildung, gute technische Ausstattung, selbst Charismen, bilden dann einen Ersatz für die fehlende Geistesfülle. Predigen, öffentlich beten, Gemeindeleben organisieren, Evangelisationsprogramme erstellen, Seelsorge ausüben, das alles kann ich lernen und auch ohne den Heiligen Geist praktizieren. E.G. White hat diese gefährliche Möglichkeit so formuliert: »Der Grund, warum so wenig vom Wirken des Geistes Gottes sichtbar ist, liegt darin, dass Prediger lernen, ohne ihn zu arbeiten«. (1T 383 egwwritings.org) So wichtig eine grundlegende Ausbildung und systematische Weiterbildung für einen Prediger ist, noch wichtiger ist es für ihn, sich ständig vom Heiligen Geist erfüllen zu lassen." (Quelle; Fußnote 88, S. 75)

> *Wir wollen zusammenfassen: Fleischlich sein bedeutet, aus den normalen menschlichen Kräften und Fähigkeiten des Menschen zu leben, ohne den Heiligen Geist zu haben oder ohne ihn in ausreichendem Maße zu haben.*

Die hohe Ethik der Bibel – den Feind zu lieben, jedem Menschen alles zu vergeben, die Sünde zu überwinden usw. – kann man nur in der Kraft des Heiligen Geistes verwirklichen, nicht aus menschlicher Kraft. Das zeigt uns, dass das Hauptproblem beim fleischlichen Christsein darin besteht, dass es ein Leben ausschließlich in menschlicher Kraft ist. In unserer eigenen Kraft allein können wir nicht den Willen Gottes tun. Wir wollen dazu einige Bibeltexte lesen:

Jes. 64,5: »*Unsere* Gerechtigkeit ist wie ein beflecktes Kleid.«

Jer. 13,23: »*Kann etwa ein Mohr seine Haut wandeln oder ein Panther seine Flecken? So wenig* könnt auch ihr Gutes tun, die ihr ans Böse gewöhnt seid.«

Hes. 36,26.27: »*Ich will euch ein neues Herz geben und [ich] will einen neuen Geist in euch geben. [Ich] will solche Leute aus euch machen, die in meinen Geboten wandeln und meine Rechte halten und danach tun.*«

Röm. 8,7 LU: »*Denn fleischlich gesinnt sein ist Feindschaft wider Gott, weil das Fleisch dem Gesetz Gottes nicht untertan ist; denn es vermag's auch nicht.*« Nach GN: »*So wie er von sich aus ist, lehnt sich der Mensch gegen Gott auf. Er gehorcht nicht dem Gesetz Gottes, ja, er kann es gar nicht.*«

Ellen White sagt deutlich und treffend:

»Derjenige, der versucht, den Himmel durch seine eigenen Werke zu erreichen, indem er das Gesetz hält, versucht eine Unmöglichkeit. Der Mensch kann nicht gerettet werden ohne Gehorsam, *aber seine Werke sollten nicht von ihm kommen. Christus sollte in ihm das Wollen und das Vollbringen wirken zu seinem Wohlgefallen.*«[39]

Ich denke, diese Hinweise zeigen ausreichend, dass wir ohne den Heiligen Geist nicht in der Lage sind, den Willen Gottes zu tun. Es geht darum, dass wir uns stets für den Willen Gottes entscheiden und dass Gott uns die Kraft zur Durchführung gibt. Dieses Verständnis der Lehre von der Gerechtigkeit aus dem Glauben ist überaus wichtig und befreiend. Es kann hier jedoch nicht ausführlich behandelt werden.

---

39 E.G. White, *Review and Herald* (www.egwwritings.org), 1. Juli 1890

WAS KANN GESCHEHEN, WENN WIR ETWAS ZU TUN VERSUCHEN, DAS UNSERE KRÄFTE ÜBERSTEIGT?

Was kann geschehen, wenn ich oft feststelle: Ich schaffe das nicht! Jetzt habe ich wieder versagt!? In einer gewissen Hinsicht kann hier Enttäuschung eintreten.

Dabei meine ich, dass dieses Problem bei der jüngeren Generation offener zutage tritt als bei der älteren. Die Älteren sind noch stärker an Pflichtbewusstsein, Gehorsam in der Familie, in der Schule und im Betrieb gewöhnt. Deswegen irritiert sie eine Enttäuschung nicht so leicht wie die Jüngeren. Das Problem ist aber bei Alt und Jung gleichermaßen vorhanden. Nur der junge Mensch merkt es deutlicher. Das Beschreiten des Glaubenswegs in eigener Kraft ist das Kardinalproblem eines jeden fleischlichen Christen, ob er es weiß oder nicht.

Wie versucht man das Problem zu lösen? Der eine betet intensiver um die Hilfe Gottes und beschließt vielleicht, sich mehr anzustrengen. Ein anderer mag denken: Vielleicht muss man das nicht so eng sehen. Nun geht er dazu über, die Dinge lockerer zu nehmen, und er fühlt sich freier. Ein anderer wirft den Glauben ganz über Bord und mag sich danach tatsächlich besser fühlen. Das Problem ist nur: Diese scheinbar guten Lösungen sind falsche Lösungen, denn das »dicke Ende« kommt über kurz oder lang nach. Der richtige Weg ist, die Ordnungen Gottes ernst zu nehmen, denn sie sind alle aus der Liebe Gottes heraus zu unserem Besten gegeben worden. Doch dazu brauchen wir die Kraft Gottes. Der richtige Weg ist, in der Kraft des Heiligen Geistes zu leben mit wachsender Freude, Motivation, Kraft, Fruchtbarkeit und Sieg. (Näheres in »Gehorsam durch Jesus«[40])

DAS KERNPROBLEM

Ich denke, wir haben erkannt, dass das eigentliche Problem hauptsächlich mit fleischlichem Christsein zu tun hat. Wird uns nicht Schritt für Schritt klarer, warum Jesus keine lauen Nachfolger haben will? Sie haben selbst nicht das Leben in Fülle, das er uns geben will, und sind ein falsches Vorbild, viele – vielleicht sogar die meisten –, ohne es selbst zu

---

40 Helmut Haubeil, *In Jesus bleiben*, Kap. 4: Gehorsam durch Jesus (TopLife Wegweiser-Verlag, Wien, 2014)

wissen. Das Problem ist viel ernster als wir annehmen. »Halbherzige Christen sind schlimmer als Ungläubige; denn ihre irreführenden Worte und unverbindlichen Positionen führen Viele vom rechten Weg ab.«[41]

Mögliche Faktoren für ein fleischliches Christsein

Es dürfte folgende Faktoren oder Gründe geben, die zu einem fleischlichen Christsein führen:

1. **Unkenntnis** – Wir haben uns zu wenig mit dem Anliegen »Leben im Heiligen Geist« beschäftigt oder nicht den Schlüssel zur Praxis gefunden.
2. **Unglaube oder Kleinglaube** – Die Erfüllung mit dem Heiligen Geist setzt volle Lebensübergabe an Jesus Christus voraus. Diese kann ebenfalls aus Unkenntnis nicht erfolgt sein, oder auch, weil wir Angst haben, dass der Herr uns anders führt als wir es wünschen. Das bedeutet dann, dass wir der Liebe und Weisheit Gottes nicht ausreichend vertrauen.
3. **Irrige Auffassungen** – Man kann meinen, man sei mit dem Heiligen Geist erfüllt, obwohl es in Wirklichkeit nicht oder nicht in ausreichendem Maße der Fall ist. Das scheint ein Hauptproblem zu sein. (Näheres nächste Seite: Wie löst sich der scheinbare Widerspruch?)
4. **Überbeschäftigung** – Man ist so überlastet, dass man meint, für die Pflege der Christusbeziehung keine oder kaum Zeit zu haben. Oder man nimmt sich die Zeit und dringt nicht zur wirklichen Verbindung mit Gott vor.
5. **Verborgene Sünden**, evtl. auch fehlende Wiedergutmachung – dies wirkt sich aus wie ein Kurzschluss, d.h., es ist keine Verbindung zur Kraft Gottes vorhanden.
6. **Handeln überwiegend nach Gefühlen.** Das Wort Gottes sagt: »*Der Gerechte wird aus Glauben leben.*« Treffe ich meine Entscheidungen aus Gottvertrauen oder nach meinen Gefühlen? Ein Wort von Roger Morneau hat mich sehr beeindruckt: »Die Geister ermutigen die Menschen, auf ihre Gefühle statt auf das Wort Christi und seine Propheten zu hören. Es gibt keinen sichereren Weg, auf dem die Geister die Herrschaft über das Leben der Menschen erhalten, ohne dass der Einzelne merkt, was geschieht.«[42]

---

41 EGW *Letter* 44, 1903, zitiert in *Adv. Bible Commentary*, Vol.7, 963 zu Offb. 3,15.16
42 Roger Morneau, *Eine Reise in die Welt des Übernatürlichen* (Zürich), S. 38

Warum um den Heiligen Geist bitten, auch wenn ich von ihm erfüllt bin?

Einerseits wurde uns der Heilige Geist gegeben, um in uns zu bleiben. Andererseits sollen wir laufend im Glauben darum bitten. Wie löst sich der scheinbare Widerspruch?

Einerseits:
Jesus sagt lt. Joh.14, 17: »*Er [der Heilige Geist] bleibt bei euch und wird in euch sein.*« Apostelgeschichte 2, 38 erklärt: »*Tut Buße und lasse sich ein jeglicher taufen … so werdet ihr empfangen die Gabe des Heiligen Geistes.*«

Andererseits:
Jesus in seinem Gebetsunterricht Luk. 11.9.13: «*Bittet, so wird euch gegeben; … wieviel mehr wird der Vater im Himmel den Heiligen Geist geben denen, die ihn bitten.*« Eph. 5,18: »*Der Herr selbst [Jesus] hat das Gebot gegeben: Lasst euch vom Geist erfüllen*«[43]. Das bedeutet vom griechischen Text her: »Lasst euch beständig und immer wieder neu mit Geist erfüllen!«[44]

Lösung:
E.G. White sagt: »Das Wirken des Geistes steht jedoch stets im Einklang mit dem geschriebenen Wort. In der geistlichen Welt ist es genauso wie in der natürlichen. Das natürliche Leben wird von Augenblick zu Augenblick durch göttliche Kraft erhalten. Aber das geschieht nicht durch ein unmittelbares Wunder, sondern durch den Gebrauch der Segnungen, die in unserem Bereich liegen. In gleicher Weise wird das geistliche Leben durch die Anwendung jener Mittel erhalten, die die Vorsehung gewährt. Will der Nachfolger Christi ›zur vollen Reife des Mannesalters, zum vollen Maß der Fülle Christi‹ heranwachsen, so muss er von dem Brot des Lebens essen und von dem Wasser des Heils trinken. Er muss wachsen, beten und arbeiten und in allen Dingen die Weisungen beachten, die Gott in seinem Wort gegeben hat.«[45]

Wir haben das Leben bei unserer Geburt empfangen für unsere ganze Lebenszeit. Um dieses Leben nun zu erhalten muss man essen, trinken,

---

43 E.G. White, *Gedanken vom Berg der Seligpreisungen*, (Hamburg 1953) S. 28 / *Mount of Blessing*, MB 20.3 egwwritngs.org
44 Johannes Mager, *Auf den Spuren des Geistes*, (Lüneburg, 1999), Seite 100,101
45 E.G. White, *Das Wirken der Apostel*, (Hamburg, 1976), S. 284 [284, 285]

sich bewegen, usw. Genauso ist es mit dem geistlichen Leben. Wir haben den Heiligen Geist bei der Taufe aus Wasser und Geist (Wiedergeburt) empfangen, damit dieses geistliche Leben in uns bleibt unser Leben lang. Zum Erhalt dieses geistlichen Lebens ist es notwendig die geistlichen Mittel zu uns zu nehmen, die Gott für uns vorgesehen hat: Den Heiligen Geist, das Wort Gottes, das Gebet, unser Zeugnis, usw.

Jesus sagte in Joh. 15, 4 »*Bleibt in mir und ich in euch.*« E.G.White sagt dazu: Das bedeutet – ein beständiges Empfangen seines Geistes – ein Leben der vorbehaltlosen Hingabe an seinen Dienst.«[46]

Daher, täglich im Glauben um den Heiligen Geist zu bitten und sich jeden Morgen dem Herrn zu übergeben mit allem, was wir sind und haben.

WO STEHE ICH?

Ist es jetzt nicht das Wichtigste, dass ich erkenne, zu welcher Gruppe ich gehöre? Wo stehe ich?

Im Alter von zwanzig Jahren antwortete meine Mutter einem Herrn auf seine Frage nach Gott in ihrem Leben, dass sie kein Interesse am Glauben habe. Da sagte er zu ihr: Und wenn Sie heute Nacht sterben würden? Diese Frage traf sie hart, aber sie hatte eine sehr gute Auswirkung: Sie führte zu ihrer Entscheidung für Jesus und seine Gemeinde. Vielleicht hilft auch dir die Frage:

Angenommen ... Du stirbst heute...! (Herzschlag? Unfall?)
Hast Du jetzt die Gewissheit auf ewiges Leben mit Jesus Christus?
Bleibe nicht im Ungewissen.[47]

---

46 E.G. White, *Das Leben Jesu*, (Hamburg, 1973) S. 675 [675, 676]
47 Die direkte Antwort auf dieses Problem ist der Andreasbrief Nr. 13 »Ergreife das Leben« (6 Seiten A5), beziehbar bei *Wertvoll leben*, Im Kiesel 3, D-73635 Rudersberg/Württ. Tel. 0049 (0)7183 – 309 98 47 Email: info @wertvollleben.com

Es geht um das Lebensglück

Ich bin erschrocken, als ich das volle Ausmaß des Problems – Mangel an Heiligem Geist – erkannt habe. Ich habe nachgedacht und darum gebetet, ob ich den folgenden Absatz tatsächlich noch einfügen soll. Ich wage es, denn es geht für den einen oder anderen um sein Lebensglück, sein ewiges Leben und seinen Einfluss, besonders in der Ehe und Familie, sowie in Gemeinde und Beruf. Ich weiß nicht, wen es betrifft. Aber ich möchte den Betroffenen eine Hilfe sein, denn ich habe auch Hilfe bekommen. Es ist so entscheidend, dass jeder, der fleischlich ist, dies auch erkennt, sonst kann er es nicht mit der Hilfe Gottes ändern. In seiner Liebe will Gott uns durch eine innige Beziehung mit Jesus Christus durch den Heiligen Geist reich beschenken. Dadurch wird großer Verlust vermieden und unermesslicher Segen erfahren. Und das Wunderbare ist, dass wir die Situation mit Gottes Hilfe kurzfristig verändern können. (Dazu ausführlich in Kap. 3 und 5.)

Das Problem des fleischlichen Christseins wird in der Bibel unter verschiedenen Bezeichnungen erwähnt. Die einzelnen Gruppen und die Menschen in den Gruppen können sehr unterschiedliche Schwerpunkte haben, aber das Kernproblem ist dasselbe:

▶ »fleischlich« – Röm. 8, 9: »*Ihr aber seid nicht fleischlich, sondern geistlich, wenn anders **Gottes Geist in euch wohnt**. Wer aber Christi Geist nicht hat, der ist nicht sein*«. Siehe auch Röm. 8,1-17; 1. Kor. 3,1-4, Gal. 5,16-21 u.a.

▶ »töricht« – Gleichnis von den zehn Jungfrauen Mt. 25,1-13: »*Der Zustand der Gemeinde, dargestellt durch die törichten Jungfrauen, wird auch mit Laodizea bezeichnet.*«[48]

▶ »lau« – Sendschreiben an Laodizea Offb. 3,14-21
»*Ach, dass du kalt oder warm wärest.*« (Offb. 3,15) Ist das nicht erstaunlich? Jesus bevorzugt die Kalten vor den Lauen. Was ist sein Grund dafür? »*Halbherzige Christen [das sind wir, wenn wir nicht in voller Hingabe an Christus leben] sind schlimmer als Ungläubige; denn ihre irreführenden Worte und unverbindlichen Positionen führen viele vom rechten Weg ab. Der Ungläubige zeigt Flagge. Der lauwarme Christ verführt beide Seiten. Er ist weder ein guter Weltmensch noch ein guter Christ. Satan gebraucht ihn für ein Werk, das kein anderer tun kann.*«[49]

---

48 E.G. White, *Letter 44, 1903, zitiert in Adventist Bible Commentary*, Vol. 7, 963 zu Offb. 3, 15.16

49 E.G. White in Review and Herald, 19.8.1890, zitiert in Le Roy E. Froom, *Das Kommen des Heiligen Geistes* (Müllheim 1995), S. 244, *The Coming of the Comforter*, (R&H,1949) S. 292

- **nicht »von neuem geboren«** oder nicht darin geblieben – Joh. 3,1-21
»Die neue Geburt ist eine seltene Erfahrung in dieser Weltzeit. Dies ist der Grund, dass es so viele Schwierigkeiten in den Gemeinden gibt. Viele, so viele, die den Namen Christi annehmen, sind ungeheiligt, nicht Gott geweiht. Sie sind getauft worden, aber lebendig begraben. Das Ich ist nicht gestorben, und daher sind sie nicht zu neuem Leben in Christus aufgestanden.«[50]

- **Schein** – *»sie werden wohl noch den äußeren Schein der Gottseligkeit wahren, aber deren innere Kraft [den Heiligen Geist] nicht erkennen lassen.«* 2. Tim. 3,5 Menge. Dazu sagt Arthur G. Daniells: »... Formalismus ist etwas höchst Trügerisches und Vernichtendes. Er ist die verborgene, unvorhergesehene Klippe, an der die Kirche im Laufe der Jahrhunderte schon so oft zu zerschellen drohte. Paulus belehrt uns warnend, dass die ›Form der Gottseligkeit‹ (2. Tim. 3,5) ohne die Kraft Gottes [ohne Erfülltsein mit dem Heiligen Geist] eine der Gefahren der letzten Tage sei, und mahnt uns, von dieser bequemen, uns selbst trügenden Einstellung zu lassen.«[51]
Dazu kommen schockierende Aussagen in unserem Schrifttum:

- **Sehr, sehr wenige**
»In meinem Traum stand ein Wachtposten am Eingang eines großen Gebäudes und fragte jeden, der eintreten wollte: ›Hast du den Heiligen Geist empfangen?‹ Er hielt eine Messlatte in seiner Hand und gewährte nur sehr, sehr wenigen Einlass in das Gebäude...«[52]

- **Nicht einer unter zwanzig ist bereit**
»Leider muss ich der Gemeinde die ernste Nachricht mitteilen, dass nicht einer unter zwanzig, die in den Gliederlisten der Gemeinde verzeichnet sind, bereit wäre, jetzt von dieser Erde abzutreten. Er wäre ohne Gott und ohne Hoffnung in der Welt wie jeder andere Sünder auch.«[53]

---

50 E.G. White, MS 148, zitiert in *Adventist Bible Commentary* , Vol.6, 1075 «Many buried alive"

51 A. G. Daniells, *Christus unsere Gerechtigkeit* (Hamburg, 1962), S. 20

52 E.G. White, Für die Gemeinde geschrieben, Band 1, 114/Selected Messages, Vol. 1,109 – 1SM109.2 (egwwritings.org)

53 E.G. White, *Im Dienst für Christus*, S. 52/*Christian Service*, 21.1 (egwwritings.org)

► **Warum so schläfrig?**

»Warum sind Christi Streiter so schläfrig und gleichgültig? Weil sie so wenig wirkliche Verbindung mit Christus haben; weil sie seines Geistes so gänzlich ermangeln.«[54]

► **Eine große Gefahr**

»Ich will nicht viele Worte darüber verlieren, wie kurz und unsicher unser Leben sein kann. Es ist eine große Gefahr, die viele unterschätzen, an einem sündigen Leben festzuhalten und der mahnenden Stimme des Heiligen Geistes kein Gehör zu schenken.«[55] Was ist die Kernsünde?»... *dass sie nicht glauben an mich.*« Das Zeichen dafür, dass wir Jesus wirklich glauben und vertrauen, besteht darin, dass wir uns ihm voll anvertrauen. Es geht hier um unsere volle Hingabe, um die Bereitwilligkeit, ihm in allem zu folgen.

Ich betone es noch einmal: Ich habe es gewagt, diesen sehr ernsten Absatz einzufügen, denn es geht um unser persönliches Lebensglück und unser ewiges Leben, aber auch um unseren Einfluss, besonders in unserer Ehe und in Familie und Gemeinde.

Fragen über Fragen

Die entscheidende Frage ist, ob du mit dem Heiligen Geist erfüllt bist oder nicht. Wann ist man aber mit dem Heiligen Geist erfüllt? Welche Voraussetzungen sind dazu nötig? Welche positiven Folgen hat ein Leben im Heiligen Geist? Was ist, wenn man irrtümlich meint, man sei vom Heiligen Geist erfüllt?

Dank für Impulse

Danken wir unserem Herrn, dass wir uns jetzt immer stärker mit Erweckung beschäftigen. Ich denke, dass unser großer und wunderbarer Gott wichtige Gründe hat, uns gerade jetzt Impulse durch den Heiligen Geist für eine Erweckung zu geben. Können folgende Gründe dazugehören?

---

54 E.G. White, *Der Große Kampf* (Hamburg, 1958), S. 510

55 E.G. White, *Der bessere Weg zu einem neuen Leben* (Neuausgabe 2009; früher: *Der Weg zu Christus*, S. 32, zitiert in Studienanleitung-Standardausgabe vom 26.11.2014/*Steps to Christ*

- Er will unserem Mangel abhelfen und uns aus dem Laodizea Zustand herausführen.
- Er will uns vorbereiten auf die baldige Wiederkunft Jesu und die besondere Zeit davor.
- Er will durch die, »*die da Gottes Gebote halten und haben das Zeugnis Jesu*« (Offb. 12, 17) »*und den Glauben an Jesus*« (Offb. 14,12), die große abschließende Erweckung (Offb. 18,1.2) der Welt herbeiführen.

Danken wir weiter dafür, dass jeder fleischliche Christ sehr rasch ein geistlicher Christ werden kann. Und dass jeder, der im Heiligen Geist lebt, darin zur Fülle wachsen kann. Zum Abschluss dieses Kapitels noch eine Erfahrung.

Neue Motivation und innere Freude

»Eine Schwester überreichte mir die Broschüre *Schritte zur persönlichen Erweckung*. Ich war überwältigt von dem Inhalt. So etwas hatte ich lange gesucht und nun endlich gefunden. Ich fing an, mein Glaubensleben zu ordnen. und bemerkte erst dann, dass ich noch etwas tun musste: Ich übergab mich Jesus ganz. Von da an weckte der Herr mich jeden Morgen sehr früh und schenkte mir ›Stille Zeit‹. Dann studierte ich jeden Tag eine Lesung im 40-Tage-Buch. Ich bemerkte ganz deutlich, dass meine Beziehung zu Jesus enorm wuchs. Sie wurde immer tiefer und vertrauter. Der Heilige Geist arbeitete an mir. Nach den 40 Tagen studierte ich das 40-Tage-Buch Nr. 2. Inzwischen habe ich beide Bücher vier Mal durchgearbeitet. Ich kann nicht mehr anders als täglich um die Gemeinschaft mit Gott zu bitten. Die Auswirkungen sind überwältigend, denn die neue Motivation und innere Freude bleiben nicht unbemerkt. Ich durfte in dieser Zeit viele Erfahrungen machen. Auch suchte ich nach Gelegenheiten, das weiterzugeben, was mich erfüllte. Die enge Beziehung mit Jesus lässt viele Dinge unwichtig werden, unnötige Sorgen lösen sich auf. Ich wünsche und bete, dass noch viele Gläubige diese Erfahrung machen dürfen.« H. S.

KAPITEL 3

UNSERE PROBLEME SIND LÖSBAR

*Wie können wir zu einem frohen
und starken Christsein kommen?
Wie erfüllt der Heilige Geist unser Leben?*

> Jesus sagt im Gleichnis vom Weinstock:
> »Bleibt in mir und ich werde in euch bleiben.« (Joh. 15,4 NLB) Was
> bedeutet das? »Das bedeutet [zum einen] ein beständiges Empfan-
> gen seines Geistes, [zum anderen] ein Leben der vorbehaltlosen Hin-
> gabe an seinen Dienst«[56]

Diese zweiteilige göttliche Lösung für unser Kernproblem ist gleichzeitig der Weg zum glücklichen Christsein. Warum? Jesus hat zu diesem
Wort gesagt: »*Solches rede ich zu euch, damit meine Freude in euch bleibe
und eure Freude vollkommen werde.*« (Joh. 15,11) Durch die beiden Schritte (beständiges Empfangen seines Geistes und vorbehaltlose Hingabe)
lebt Christus in uns, und das ist der Weg zur vollkommenen Freude.

---

56   E.G. White, *Das Leben Jesu* (Hamburg, 1973), S. 675 / *The Desire of Ages*, S. 675

Kol. 1,27 spricht vom Reichtum der Herrlichkeit: Christus in euch.[57] Ist es nicht bemerkenswert, dass Jesus dieses Gleichnis vom Weinstock eingebettet hat in die Verheißung des Heiligen Geistes in Joh. 14 und über das Wirken des Heiligen Geistes in Joh. 16?

> *Das Entscheidende ist also, dass wir uns (in der Regel) täglich Gott weihen, und zwar mit allem, was wir sind und haben, und dass wir zusätzlich täglich neu im Glauben um die Erfüllung mit dem Heiligen Geist bitten und ihn empfangen.*

WARUM IST EINE TÄGLICHE LEBENSÜBERGABE AN JESUS NÖTIG?

Jesus sagt in Luk. 9,23: *»Wer mir folgen will, der verleugne sich selbst und nehme sein Kreuz auf sich **täglich** und folge mir nach.«*

Jesus sagt, dass unsere Nachfolge eine tägliche Angelegenheit ist. Sich selbst zu verleugnen, bedeutet, Jesus die Herrschaft über das ganze Leben einzuräumen. Das Kreuz zu tragen bedeutet nicht, dass wir jeden Tag Schwierigkeiten haben. Es bedeutet einerseits, täglich dem Ich abzusagen und sich freudig und freiwillig in allem Jesus unterzuordnen – so wie Paulus von sich sagte: *»Ich sterbe täglich.«* Wenn jemand zur Zeit Jesu ein Kreuz trug, dann war er zum Tod verurteilt und ging zur Hinrichtungsstätte. Es geht also um tägliche Erneuerung unserer grundlegenden Hingabe an Jesus Christus. Andererseits geht es auch darum, Schwierigkeiten anzunehmen, die sich in der Nachfolge Jesu ergeben können.

Lasst uns den wichtigen Gedanken wiederholen: Wir haben unser körperliches Leben bei der Geburt empfangen. Um Leben, Kraft und Gesundheit zu erhalten, essen wir normalerweise jeden Tag. Das geistliche Leben haben wir bei der Wiedergeburt empfangen. Um dieses geistliche Leben zu erhalten, geistlich kräftig und gesund zu sein, ist es ebenso nötig, **täglich** für den inneren Menschen zu sorgen. Wenn dies sowohl im körperlichen wie auch im geistlichen Leben nicht erfolgt, werden wir

---

[57] Näheres in Helmut Haubeil, *In Jesus bleiben*, Kap. 3 „Jesus in Dir" beziehbar TopLife Center, Adventist Book Center, Wertvoll leben und Advent-Verlag Schweiz

schwach oder krank, oder wir sterben sogar. Wir können weder auf Vorrat essen noch auf Vorrat den Heiligen Geist empfangen.

In dem Buch *Das Wirken der Apostel* ist ein wertvoller Hinweis dazu: »In der geistlichen Welt ist es genauso wie in der natürlichen. Das natürliche Leben wird von Augenblick zu Augenblick durch göttliche Kraft erhalten. Aber das geschieht nicht durch ein unmittelbares Wunder, sondern durch den Gebrauch der Segnungen, die in unserem Bereich liegen. In gleicher Weise wird das geistliche Leben durch die Anwendung jener Mittel erhalten, die die Vorsehung gewährt.«[58]

Beeindruckt hat mich auch das Wort in dem Buch *Das Leben Jesu*: »Wir sollen Christus Tag für Tag nachfolgen, Gott gewährt keine Hilfe im Voraus.[59]

Ellen White sagt:
»Jesus zu folgen erfordert, sich von ganzem Herzen zu bekehren und diese Bekehrung **jeden Tag** zu erneuern.«[60] »Auch wenn unsere Hingabe bei der Bekehrung vorbehaltlos war, nützt uns das gar nichts, wenn wir sie nicht **jeden Tag** erneuern.«[61] »Weihe dich Gott jeden Morgen. Tue dies als allererstes. Bete: ›Nimm mich, o Herr, lass mich ganz dir gehören. Alle meine Pläne lege ich zu Deinen Füssen. Gebrauch mich heute in Deinem Dienst. Bleib in mir, und lass alles, was ich tue, in dir geschehen.‹ Bete dies täglich. Weihe dich Gott jeden Morgen für diesen Tag. Übergib ihm alle Deine Pläne; dann führe sie aus oder gib sie auf, je nachdem wie er die Umstände führt. So kannst du Tag für Tag dein Leben in seine Hände legen, und dein Leben wird Christi Leben immer ähnlicher werden.«[62]

Morris Venden sagt:
»Wenn dir die Notwendigkeit einer täglichen Bekehrung bis jetzt noch nicht bewusst geworden ist, kann diese Erkenntnis zu einem wirklichen Durchbruch in deinem Leben führen. Ellen White versicherte: ›Wenn du die Gemeinschaft mit Christus suchst und jeden Tag bekehrt wirst, … werden alle deine Klagen verstummen, alle

58 E.G. White, *Das Wirken der Apostel*, S. 284 / *Acts of the Apostles*, 284, 285
59 E.G. White, *Das Leben Jesu*, S. 303 / *The Desire of Ages*, 313,314
60 Francis D. Nichol (Hrg.), *Adventist Bible Commentary*, Vol. 1 (Hagerstown, 1976), S. 1113
61 E.G. White, *Review and Herald* (www.egwwritings.org), 6. Jan. 1885
62 E.G. White, *Schritte zu Jesus* (Herbolzheim, 2009), S. 74 / *Steps to Christ*, Chap. 8

deine Schwierigkeiten verschwinden und alle verwirrenden Probleme, denen *du gegenüber stehst, gelöst werden.*‹«[63]

Bei Jesus zu bleiben, und zwar durch eine tägliche Erneuerung unserer Hingabe, ist ebenso wichtig wie anfangs zu ihm zu kommen.

Morris Venden sagt weiter: »Die tägliche Verbindung mit Christus führt zur beständigen Übergabe – sich jeden Moment auf ihn zu verlassen.«[64]

Wir dürfen gewiss sein: Wenn wir unser Leben jeden Morgen Jesus bewusst übergeben, tun wir, was er sich wünscht, denn er hat gesagt: *»Kommt her zu mir ....«* (Mt. 11,28) und: *»Wer zu mir kommt, den werde ich nicht hinausstoßen.«* (Joh. 6,37)

Der Herr ist bereit, große Dinge für uns zu tun. Wodurch? *»Wir sollen den Sieg nicht durch die Anzahl, sondern durch eine vollständige Hingabe an Jesus gewinnen. Wir sollen in seiner Kraft vorangehen und dem mächtigen Gott Israels vertrauen.«* (nach Sach. 4,6) *»Nicht durch menschliche Macht und Gewalt wird es dir gelingen, sondern durch meinen Geist.«* (Sach 4,6 GNB)

Der große Einfluss, den Gott durch uns ausüben kann, wenn wir in voller Hingabe leben, wird von John Wesley wie folgt beschrieben: »Gott kann mit einem Mann, der sich zu 100% ihm verpflichtet hat, mehr tun als mit einer ganzen Armee von Männern, die sich ihm nur 99 % verpflichtet haben.«[65]

Ellen White schreibt:

»Nur jene, die Christi Mitarbeiter werden wollen, nur jene, die sprechen: Herr, alles was ich habe und was ich bin, ist dein!, werden als Kinder Gottes anerkannt werden.«[66] »Alle, die Leib, Seele und Geist dem Herrn weihen, erhalten ständig neue geistige und körperliche Kraft ... Mit äußerster Kraftentfaltung wirkt der Heilige Geist an Herz und Sinn. Die Gnade Gottes vergrößert und vervielfältigt ihre Fähigkeiten, und die göttliche Vollkommenheit hilft ihnen bei der Rettung von Seelen. ... Trotz ihrer menschlichen Schwäche sind sie fähig, die Taten des Allmächtigen zu vollbringen.«[67]

---

63 Morris Venden, 95 *Thesen über die Erlösung aus dem Glauben* (Lüneburg, 2009), S. 72 / *95 Theses on Righteousness by Faith* (PPPA, 2003)
64 Ebenda, 17
65 S. Joseph Kidder, *Anleitung zum geistlichen Leben* (Andrews University), PPP Folie 14
66 E.G. White, *Das Leben Jesu* (Hamburg, 1973), S. 514f / *The Desire of Ages*, S. 523
67 E.G. White, *Das Leben Jesu* (Hamburg, 1973), S. 832 / *The Desire of Ages*, S. 827, 828

Warum sollte man täglich um eine neue Erfüllung mit dem Heiligen Geist bitten?

Die Bitte um Erfüllung mit dem Heiligen Geist ist eine Bitte an Jesus, bei mir zu bleiben. Denn er wohnt durch den Heiligen Geist in mir. Warum aber täglich?

Jesus hat uns ein entsprechendes Vorbild gegeben. E.G. White sagt in *Das Wirken der Apostel:* »Für den Mitarbeiter, der sich dem Herrn geweiht hat, ist es ein wunderbarer Trost zu wissen, dass selbst Christus während seines Erdenlebens seinen Vater **täglich um erneuten Zufluss der benötigten Gnade bat**. ... Sein eigenes Beispiel beweist, dass ernstes, anhaltendes Gebet zu Gott im Glauben – einem Glauben, der zum Bewusstsein völliger Abhängigkeit von Gott und ungeteilter Hingabe an sein Werk führt – den Menschen den Beistand des Heiligen Geistes im Kampf gegen die Sünde zu verschaffen vermag.«[68]

Wenn dies ein tägliches Bedürfnis für Jesus war, dann ist es für uns ja noch viel wichtiger.

In 2. Kor. 4,16 steht ein wichtiger Satz:
»*So wird doch der innerliche [Mensch] **erneuert von Tag zu Tag**.*«

Wodurch geschieht diese innere Erneuerung von Tag zu Tag? Sie geschieht laut Eph. 3,16.17.19 durch den Heiligen Geist: »*... dass er euch Kraft gebe nach dem Reichtum seiner Herrlichkeit, **stark zu werden durch seinen Geist an dem inwendigen Menschen,** dass Christus wohne durch den Glauben in euren Herzen und ihr in der Liebe eingewurzelt und gegründet werdet; ... damit ihr erfüllt werdet mit aller Gottesfülle.*«

Daraus ergibt sich:

▸ Es ist in der Regel nötig, jeden Tag um eine neue Erfüllung mit dem Heiligen Geist zu beten.
▸ Dadurch wohnt Christus in uns.
▸ Er gibt uns Kraft nach dem Reichtum seiner Herrlichkeit für unseren inneren Menschen. Kraft Gottes – das ist übernatürliche Kraft.
▸ Dadurch wird die Liebe Gottes in unser Herz gegeben.

---

[68] E.G. White, *Das Wirken der Apostel* (Hamburg, 1976), S. 57 / *The Acts of the Apostles,* S. 55,56

▸ Und es ist der Weg zu einem Leben in »*aller Gottesfülle*«. (siehe Joh. 10,10; Kol. 2,10)

Einen weiteren wertvollen Text haben wir in Eph. 5,18: »*Werdet voll Geistes!*« Wir sollten beachten, dass dies mehr als ein Rat ist. Es ist ein göttlicher Befehl. Unser Gott erwartet, dass wir im Heiligen Geist leben wollen. Die Griechisch-Experten sagen, dass der Text genau genommen sagt – und ich zitiere hier Johannes Mager: »Lasst euch beständig und immer wieder neu mit Geist erfüllen.«[69]

In der Studienanleitung zur Bibel heißt es dazu: »Taufe mit dem Heiligen Geist bedeutet, völlig unter den Einfluss des Heiligen Geistes zu kommen, völlig von ihm erfüllt zu sein. Dies ist kein einmaliges Erlebnis, sondern etwas, das sich ständig wiederholen muss, wie Paulus in Eph. 5,18 durch die griechische Zeitform des Verbes ›erfüllen‹ verdeutlicht.«[70] (siehe wertvollen Anhang am Ende des Kapitels zu Eph. 5,18)

Das schreibt der Apostel Paulus den Ephesern in Kap. 5, obwohl er ihnen in Kap. 1,13 geschrieben hat: »*... in ihm seid auch ihr, da ihr gläubig wurdet, versiegelt worden mit dem heiligen Geist, der verheißen ist.*« Die Epheser hatten also den Heiligen Geist empfangen. Dennoch bestand für sie die Notwendigkeit, »*stark zu werden durch seinen Geist*«. Weiter heißt es: »*Werdet voll Geistes*« und »*Lasst euch beständig und immer wieder neu mit Geist erfüllen*«.

Ellen White sagt:
»Jeder Mitarbeiter Gottes sollte um die **tägliche** [Erfüllung] mit dem Geist Gottes bitten.«[71]
»Damit wir die Gerechtigkeit Christi haben, ist es notwendig täglich durch den Einfluss des Geistes umgewandelt zu werden, um ein Teilhaber der göttlichen Natur zu sein«[72]

An anderer Stelle sagt uns der Herr durch sie: »Wer von der Heiligen Schrift, dem Wort Gottes, angesprochen wurde und ihren Lehren folgen möchte, muss **täglich [dazu]lernen, täglich [neuen] Eifer und neue geist-**

---

69 Werner E. Lange (Hrg.), *Unser größtes Bedürfnis* (Lüneburg, 2011), S. 42
70 Studienanleitung Standardausgabe 17.07.2014
71 Werner E. Lange (Hrg.), *Unser größtes Bedürfnis* (Lüneburg, 2011), S. 50
72 E.G. White, *Selected Messages 1*, S. 374.1 und RH Nov. 1, 1872 par.2 (ewgwritings.org)

liche Kraft empfangen, die jedem wahren Gläubigen in der Gabe des Heiligen Geistes zur Verfügung steht.«[73]

Weiter sagt sie: »Wir sollen Christus Tag für Tag nachfolgen. Gott gewährt keine Hilfe im Voraus.«[74]

An anderer Stelle: »Wir brauchen die beständige Verbindung mit dem göttlichen Beistand, damit wir vorwärts kommen. Vielleicht besitzen wir ein gewisses Maß des Geistes Gottes, aber durch Gebet und Glauben sollten wir **beständig nach einem größeren Anteil des Geistes streben.**«[75]

Ich fand noch folgendes erstaunliche Wort: »**Du brauchst jene tägliche Liebestaufe**, die in den Tagen der Apostel alle zu einem Herzen und einer Seele zusammenschloss.«[76]

Röm 5,5 zeigt uns, dass die Liebe Gottes durch den Heiligen Geist in unser Herz ausgegossen ist. Dasselbe zeigt uns Eph. 3,17. Die tägliche Geistestaufe (Erfüllung mit dem Heiligen Geist) bewirkt gleichzeitig eine tägliche Liebestaufe (Erfüllung mit der Agape-Liebe Gottes). Dazu kommt nach Gal. 5,16 und Röm. 8,2, wo deutlich wird, dass damit auch die Kraft der Sünde gebrochen wird.

DIE BEDEUTUNG DER PERSÖNLICHEN ANDACHT

Welche Bedeutung hat die persönliche Andacht, wenn es so wichtig ist, mich täglich Jesus hinzugeben und täglich um Erfüllung mit dem Heiligen Geist zu bitten?

Ich habe Texte und Zitate gebracht, die uns zeigen, dass der innere Mensch von Tag zu Tag erneuert wird. **Das wirft ein deutliches Licht auf die große Bedeutung unserer täglichen persönlichen Andacht.**

Das Fundament des gesamten Gottesdienstes am Heiligtum war das Brandopfer am Morgen und am Abend. Am Sabbat gab es ein zusätzliches Brandopfer (4. Mose 28,4.10). Welche Bedeutung hat ein Brandopfer?

»Das Brandopfer verkörperte die völlige Hingabe des Sünders an den Herrn. Hier behielt der Mensch nichts für sich, alles gehörte Gott.«[77]

---

73 E.G. White, *Das Wirken des Heiligen Geistes* (Lüneburg, 2006), S. 260
74 E.G. White, *Das Leben Jesu* (Hamburg, 1973), S. 303 / *The Desire of Ages*, S. 313, 314
75 E.G. White, *Das Wirken des Heiligen Geistes* (Lüneburg, 2006), S. 243
76 E.G. White, *Das Wirken des Heiligen Geistes* (Lüneburg, 2006), S. 243
77 Fritz Rienecker, *Lexikon zur Bibel* (Wuppertal, 1964), 1017

»Die Stunden des Morgen- und Abendopfers sah man als heilig an; sie wurden für das ganze jüdische Volk zu bestimmten Gebetszeiten dargebracht. ... Diese Gewohnheit ist den Christen Vorbild für ihre Morgen- und Abendandacht. Gott missbilligt zwar Zeremonien ohne den Geist der Anbetung, er sieht aber mit Wohlgefallen auf die, die ihn lieben und sich morgens und abends vor ihm beugen, um Vergebung ihrer Sünden zu erlangen und ihn um den notwendigen Segen zu bitten.«[78]

Merken wir, dass die tägliche Andacht in Verbindung mit dem Sabbat die Grundlage des geistlichen Lebens ist? Macht uns dies zusätzlich klar, dass es täglich um volle Hingabe an Jesus Christus geht, der eingeladen wird durch den Heiligen Geist, in uns zu leben?

Es ist eines der wichtigsten geistlichen Prinzipien, Gott an jedem Tag Vorrang vor allem anderen einzuräumen. Jesus sagte in der Bergpredigt:

»Macht das Reich Gottes zu eurem wichtigsten Anliegen, lebt in Gottes Gerechtigkeit, und er wird euch all das geben, was ihr braucht.« Mt. 6,33 NLB

Das Reich Gottes bedeutet, jetzt Christus im Herzen zu haben. Daher die tägliche Hingabe und tägliche Bitte um den Heiligen Geist in unserer persönlichen Stillen Zeit. Wenn wir einmal vor Gott stehen, wird die entscheidende Frage sein: Hatten wir die rettende persönliche Beziehung zu Christus, und sind wir in ihr geblieben (Joh. 15,1-17)? Hast du nicht auch Sehnsucht nach größerer Erfüllung im Glauben?

Wer keine oder nur selten stille Zeit mit Gott verbringt oder eine unzureichende Andacht hält, wird dann vielleicht nur einmal pro Woche durch den Gottesdienst gestärkt. Das ist so ähnlich wie wenn jemand nur einmal in der Woche essen würde. Wäre es nicht absurd, sich nur einmal pro Woche zu ernähren? Bedeutet das nicht, dass der Christ ohne Andacht fleischlich ist?

Wenn er in diesem Stand bliebe, dann würde das bedeuten, dass er nicht gerettet ist. Wenn wir fleischlich sind, kann die Andacht eine Pflichtübung sein. Wenn wir geistlich sind, wird sie mehr und mehr zu einem Bedürfnis.

---

[78] E.G. White, *Patriarchen und Propheten* (Hamburg, 1973), S. 331 / *Patriarchs and Prophets,* S. 353,354

> *Damit wir die Gerechtigkeit Christi haben, ist es notwendig täglich durch den Einfluss des Geistes umgewandelt zu werden, um ein Teilhaber der göttlichen Natur zu sein*

Vor Jahren habe ich das Taschenbuch *Ich war ein Gangster* von Jim Vaus gelesen. Er war ein Verbrecher, der sich bekehrte. Er bekannte rückhaltlos seine Sünden – z. B. Meineid, Diebstahl usw. Er erlebte dabei ein enormes Eingreifen Gottes. Das beeindruckte mich. Ich sagte mir: Mir geht es in jeder Hinsicht gut, aber solche Erfahrungen mache ich nicht. In einem Gebet sagte ich dann dem Herrn: »Vater im Himmel, ich will auch alle meine Sünden, die ich weiß und die, die du mir noch zeigen wirst, bekennen. Außerdem werde ich eine Stunde früher aufstehen und beten und in der Bibel lesen. Dann will ich sehen, ob du auch bei mir eingreifst.«

Lob und Dank! Gott hat eingegriffen. Seit dieser Zeit ist besonders die Morgenandacht in Verbindung mit dem Sabbat die Grundlage meines Lebens mit Gott.

> *Durch tägliche Hingabe und tägliche Erfüllung mit dem Heiligen Geist wird unser Leben positiv verändert. Das geschieht in unserer Andacht.*

ANBETUNG IM GEIST UND IN DER WAHRHEIT

Das große Anliegen ist die Anbetung Gottes. In der letzten Botschaft Gottes an die Menschen geht es um die Anbetung des Schöpfers im

Gegensatz zur Anbetung des Tieres (Offb. 14,6-12). Das äußere Zeichen der Anbetung ist der Sabbat (den Schöpfer anbeten). Die innere Haltung der Anbetung zeigt uns Joh. 4,23.24: »*Aber es kommt die Zeit und ist schon jetzt, dass die wahrhaftigen Anbeter werden den Vater anbeten im Geist und in der Wahrheit; denn der Vater will haben, die ihn also anbeten. Gott ist Geist, und die ihn anbeten, die müssen ihn im Geist und in der Wahrheit anbeten.*«

Im Geist anbeten bedeutet sicher das bewusste Anbeten, aber auch das Erfültsein mit dem Heiligen Geist. **In der Wahrheit** anbeten bedeutet, in voller Hingabe an Jesus zu leben, der die Wahrheit in Person ist. Jesus sagt: »*Ich bin die Wahrheit.*« (Joh. 14,6) Und es bedeutet, durch das Innewohnen Jesu nach dem Wort Gottes und seinen Ordnungen zu leben, denn er sagte: »*Dein Wort ist die Wahrheit.*« (Joh. 17,17) und Psalm 119,142 sagt: »*Dein Gesetz ist Wahrheit.*« Wenn wir jetzt nicht in Anbetung leben, laufen wir dann nicht Gefahr, dass wir in der entscheidenden Zeit versagen werden? Das wird für alle fleischlichen Christen ein großes Problem sein.

Ich denke, wir wollen alle mit Gottes Hilfe Fortschritte machen und in unserer Erkenntnis wachsen. Es kann sein, dass die folgende mangelhafte Sicht für Manchen hinderlich war, vorwärts zu gehen.

TAUFE UND HEILIGER GEIST

Manche meinen, dass sie mit dem Heiligen Geist erfüllt seien, weil sie getauft sind, und damit sei dann alles in Ordnung und nichts Weiteres sei mehr nötig. D.L. Moody sagt dazu: »Eine große Anzahl denkt, weil sie einmal erfüllt wurden, damit seien sie für alle Zeit erfüllt. O, meine Freunde, wir sind löchrige Gefäße; es ist notwendig, dass wir alle Zeit direkt unter der Quelle bleiben, um voll zu sein.«[79]

Joseph H. Waggoner sagt dazu:

»**In allen Fällen, in denen die Taufe als Beweis für die Gabe des Geistes angesehen wird, wird der reuige Sünder in fleischliche Sicherheit gelullt.** Er vertraut ausschließlich auf seine Taufe als Zeichen der

---

79 D.L. Moody, *They Found the Secret*, S. 85, 86; zitiert in «*10 Days – Prayers and Devotions …*" by Dennis Smith, S. 23

Gunst Gottes. Die Taufe und **nicht der Geist in seinem Herzen** wird sein ›Unterpfand‹ oder sein Zeugnis...«[80]

Die Taufe ist eine bedeutende Entscheidung, und sie entspricht dem Willen Gottes. Sie behält ihre große Bedeutung. Aber wir sollten als Beweis dafür, dass wir vom Heiligen Geist erfüllt sind, nicht auf ein Ereignis in der Vergangenheit zurückschauen. Vielmehr geht es darum, **jetzt** zu wissen und zu erfahren, ob wir mit dem Heiligen Geist erfüllt sind.

Manche Menschen haben den Heiligen Geist empfangen, **bevor** sie getauft wurden, z. B. Kornelius und seine Leute oder auch Saulus. Andere haben erst **nach** der Taufe den Heiligen Geist empfangen, z. B. die Samariter oder die 12 Männer in Ephesus. Aber ganz gleich, ob der Empfang des Heiligen Geistes **vor**, **bei** oder **nach** der Taufe war: Entscheidend ist, dass wir ihn überhaupt irgendwann empfangen haben und dass er **jetzt** in unserem Herzen ist. Das Entscheidende ist nicht, was in der Vergangenheit geschah, sondern: Wie steht es jetzt und heute mit mir?

Ich darf noch einmal erinnern: Wir erhielten unser leibliches Leben bei der Geburt, damit es lebenslang in uns bleibt. Dieses Leben wird erhalten durch tägliches Essen, Trinken, Bewegung, Schlaf, usw. Sonst würden wir schon lange nicht mehr leben. Für den geistlichen Bereich gelten genau die gleichen Gesetze wie für den Körper. Wir erhielten das neue Leben durch den Heiligen Geist, und zwar bei unserer vollen Hingabe an Christus, damit es in uns bleibt. Und es bleibt in uns durch Anwendung der Mittel, die der Herr uns dafür zur Verfügung stellt. Es wird erhalten durch den Heiligen Geist, das Gebet, das Wort Gottes. Darf ich wiederholen:

E. G. White sagt: »Das natürliche Leben wird von Augenblick zu Augenblick durch göttliche Kraft erhalten. Aber das geschieht nicht durch ein unmittelbares Wunder, sondern durch den Gebrauch der Segnungen, die in unserem Bereich liegen. In gleicher Weise wird das geistliche Leben durch die Anwendung jener Mittel erhalten, die die Vorsehung gewährt.«[81]

---

80 Joseph H. Waggoner, *The Spirit of God* (Battle Creek, Michigan 1877), S. 35f, zitiert in Garrie F. Williams, *Erfüllt vom Heiligen Geist* (Lüneburg, 2007), S. 58 / quoted in *How to Be filled With the Holy Spirit and Know it*, R&H, 1991

81 E. G. White, *Das Wirken der Apostel*, (Hamburg, 1976),S. 284 / *The Acts of the Apostles*, S. 284.285

Das bedeutet: Der Heilige Geist wird uns bei der Wiedergeburt zum Bleiben in uns gegeben. Aber dieses Bleiben hat zu tun mit der täglichen Anwendung der Mittel, die uns der Herr zur Verfügung gestellt hat. Welches Ergebnis haben wir zu erwarten, wenn wir die Mittel nicht anwenden?

Der Heilige Geist ist das wichtigste aller »Mittel«. Dazu kommt die Bedeutung des Gebets, die Verbundenheit mit Gott durch sein Wort, Beteiligung im Gottesdienst, unser Dienst im Namen Jesu und anderes.

Ich denke, es ist jedem von uns klar, dass es nötig ist, **täglich** auch für den inneren Menschen zu sorgen. Wenn wir es nicht tun, werden wir bedauerliche Folgen erleiden. Wir können weder auf Vorrat essen noch auf Vorrat den Heiligen Geist empfangen. »Gott gibt uns heute keine Hilfe für morgen.«[82] Eine tägliche Hingabe an Christus ist nötig und wir müssen den Heiligen Geist täglich in unser Leben einladen.

Die beiden Anliegen dienen jedoch nur *einem* **Zweck. Es sind die beiden Seiten einer Münze**: Eine innige persönliche Beziehung zu Christus zu haben. Mit meiner Hingabe gebe ich mich ihm hin, und mit der Bitte um den Heiligen Geist lade ich ihn in mein Herz ein. Unter anderem zeigt uns 1. Joh. 3,24 (auch Joh. 14,17.23), dass Jesus durch den Heiligen Geist in uns wohnt: »*...daran erkennen wir, dass er in uns bleibt, an dem Geist, den er uns gegeben hat.*«

WIRKUNG DES HEILIGEN GEISTES

Wenn der Heilige Geist in mir ist, bewirkt er in mir, was Christus vollbracht hat. Röm. 8,2 sagt: »*Denn das Gesetz des Geistes, der da lebendig macht in Christus Jesus, hat mich frei gemacht von dem Gesetz der Sünde und des Todes.*« Das Gesetz des Geistes können wir erklären als die Art und Weise, in der der Heilige Geist in einem Gott übergebenen Herzen wirkt. Nur der Heilige Geist kann in mir lebendig machen, was Christus bewirkt hat. E.G. White erklärt es gut: »**Dieser Geist sollte uns als eine erneuernde Kraft erfüllen, ohne die das Opfer Christi wertlos gewesen wäre**. ... Er macht lebendig, was der Heiland der Welt erwirkt hat. Er reinigt das Herz, und durch ihn wird der Gläubige Teilhaber der göttlichen Natur. ... Die

---

[82] E.G. White, *Das Leben Jesu*, (Hamburg, 1973), S. 303 / *The Desire of Ages*, S. 313. 314

Kraft Gottes wartet darauf, dass die Menschen nach ihr verlangen [engl.: ›demand‹: im Sinn von anfordern, erbitten] und sie annehmen.«[83]

Thomas A. Davis beschreibt diesen Vorgang so: »Das bedeutet, dass sogar die Wirksamkeit von Christi Werk für den Menschen vom Heiligen Geist abhängig ist. Ohne ihn würde alles, was Jesus auf dieser Erde tat – in Gethsemane, am Kreuz, oder die Auferstehung vom Grab sowie sein priesterlicher Dienst im Himmel ohne Erfolg bleiben. Die Auswirkungen des Werkes Christi wären nur wenig nützlicher als die irgendeiner großen Weltreligion oder eines ethischen Führers. Denn obwohl Christus im Gegensatz zu diesen Gott war, konnte er die Menschen nicht allein durch sein Beispiel und seine Lehren retten. Um es zu ändern, war es nötig, in ihnen zu wirken. Dieses Werk wird durch den Heiligen Geist getan, der gesandt wurde, um im Herzen des Menschen das zu tun, was Jesus möglich gemacht hatte.«[84]

Ist das nicht allein schon ein enormer Grund, sich um die Erfüllung mit dem Heiligen Geist zu kümmern?

»Sobald der Geist Gottes vom Herzen Besitz ergreift, verändert er das Leben. Sündhafte Gedanken werden verbannt, böse Taten vermieden. Liebe, Demut und Frieden nehmen die Stelle von Ärger, Neid und Zank ein. Traurigkeit wird in Freude verwandelt, und das Angesicht trägt den Widerschein himmlischen Lichtes.«[85]

Es gibt noch viele wertvolle Folgen durch ein Leben im Heiligen Geist, aber auch große Mängel und Verluste ohne ihn. Der Unterschied zwischen einem Leben ohne oder mit Heiligem Geist wird in Kapitel 3 ausführlicher behandelt.

BIN ICH VOM HEILIGEN GEIST ERFÜLLT?

Bitte stelle dir doch einmal folgende Fragen in Bezug auf dein Erfülltsein mit dem Heiligen Geist: [86]

▸ Ist etwas vom Wirken des Heiligen Geistes in meinem Leben zu bemerken? Hat er mir z. B. Jesus wirklich als Person groß und lebendig gemacht? (Joh. 15,16)

83 E.G. White, *Das Leben Jesu* (Hamburg, 1973), S. 670, 671 / *The Desire of Ages*, S. 671.672

84 Thomas A. Davis, *Als Christ siegreich leben* (HW-Verlag), S. 43 / *How to be a victorious Christian*, R&H.

85 E.G. White, *Das Leben Jesu* (Hamburg, 1973), S. 156 / *The Desire of Ages*, S. 172.173

86 Catherine Marshall, *Der Helfer* (Erzhausen, 2002), S. 24

- Beginne ich, die innere Stimme des Heiligen Geistes zu hören und zu verstehen? Kann er mich in den großen und kleinen Entscheidungen meines Lebens führen? (Röm. 8,14)
- Ist in mir eine neue Art von Liebe für andere Menschen erwacht? Schenkt mir der Heilige Geist zartes Mitgefühl und tiefe Sorge um Menschen, die ich mir normalerweise nicht als Freunde aussuchen würde? (Gal. 5,22; Jak. 2,8.9)
- Erlebe ich immer wieder, wie mir der Heilige Geist hilft, mit meinen Mitmenschen umzugehen? Gibt mir der göttliche Helfer zum Beispiel die rechten Worte, die das Herz eines Menschen erreichen, der in Sorge ist und Kummer hat?
- Und gibt der Heilige Geist mir die Kraft, damit ich anderen das Leben Jesu bringen und sie in Jesu Reich führen kann?
- Erlebe ich, wie der Helfer mir in meinen Gebeten beisteht und mir hilft, die tiefsten Gefühle meines Herzens vor Gott recht auszubreiten?

Wenn wir diese Fragen bedenken, sehen wir, was für ein großes Bedürfnis wir haben, im Heiligen Geist zu wachsen, ihn besser kennenzulernen und ihn mehr zu lieben.

VERSÖHNUNG ZWISCHEN VATER UND SOHN

Ein Bruder schrieb: Mein Vater und ich haben uns versöhnt. Nach dem Studium von »Schritte zur persönlichen Erweckung« und »40-Tage-Andachten und Gebete ...« Nr. 1 und 2, hatte ich das wundervolle Erlebnis, eine Erfüllung mit dem Heiligen Geist zu erfahren. Besonders begeisternd für mich war es, zu erleben, dass der Heilige Geist in allen Bereichen meines Lebens wirken kann und möchte.

Mein Verhältnis zu meinem Vater war immer schon etwas kompliziert. Meine Wünsche und Gebete in Kindheit und Jugendzeit waren schon immer, eine bessere Beziehung zu meinem Vater zu haben. Aber es wurde immer schlimmer. Weitere sechs bis sieben Jahre vergingen. Gott füllte die große Leere in meinem Herzen. Während des Studiums und des Gebets um die Erfüllung mit dem Heiligen Geist machten meine Frau und ich sehr viele große Erfahrungen mit Gott. Wir baten Gott für unsere Familien und besonders für meinen Vater. In dieser Zeit bekam ich eine neue Kraft, meinen Vater zu lieben. Ich konnte ihm alles verzeihen, was in unserer Beziehung während meiner Kindheit nicht so gut gelaufen war. Mein Vater und ich sind jetzt Freunde. Er begann auch, ein geistlicher Mensch zu werden und fing an, anderen Menschen von Gott zu erzählen. Heute, zwei Jahre später, ist das Verhältnis zu meinem Vater nach wie vor sehr gut. Ich bin Gott sehr dankbar für diese Erfahrung. Ich fühlte mich früher so machtlos und oft sehr alleine. Aber seitdem ich täglich um die Erfüllung mit dem Heiligen Geist bete, erlebe ich eine ganz neue wundervolle Art des Lebens und der Beziehung mit Gott. (Name dem Autoren bekannt)

Gebet: Herr Jesus, ich danke dir, dass du in mir bleiben willst durch den Heiligen Geist. Danke, dass durch eine tägliche Hingabe unsere Vertrauens- und Liebesbeziehung wächst. Herr, hilf mir, den Heiligen Geist und seinen Dienst besser kennenzulernen. Mich verlangt danach zu wissen, was er für mich, für meine Angehörigen und meine Gemeinde tun will und wie wir Gewissheit haben können, dass wir ihn nach unserer täglichen Bitte auch empfangen haben. Habe herzlichen Dank dafür. Amen.

E.G. White sagt:

»Christus … empfing den Heiligen Geist ohne Einschränkung. In gleicher Weise wird er jedem Nachfolger Christi gegeben, wenn das ganze Herz übergeben ist. Unser Herr selbst hat das Gebot gegeben: Lasst euch vom Geist erfüllen. (Eph. 5,18) Dieses Gebot ist gleichzeitig eine Verheißung … Es war das Wohlgefallen des Vaters, dass in Christus ›alle Fülle wohnen sollte‹, ›und ihr habt diese Fülle in‹.«[87]

---

87 E.G. White, *Gedanken vom Berg der Seligpreisungen,* (Hamburg, 1953) S. 28 / *Mount of Blessing MB* 20.3 egwwritings.org

ANHANG ZU EPH. 5,18 – »WERDET VOLL GEISTES!«

Wir können schon im deutschen Text in Eph. 5,18 erkennen, dass der Aufruf in Befehlsform ist. Weiter sehen wir, dass der Aufruf in der Mehrzahlform ist, sich also an alle richtet. Und – wir sehen, dass es unsere Aufgabe ist, die Fülle des Heiligen Geistes zu suchen. Aber der griechische Text lässt es noch viel deutlicher erkennen.

Johannes Mager sagt dazu: »In den neutestamentlichen Briefen gibt es nur einen Abschnitt, der direkt vom Erfülltwerden mit Geist spricht: ›*Lasst euch vom Geist erfüllen.*‹ (Eph. 5,18) In der Apostelgeschichte begegnet uns das Erfülltsein mit Geist als Gabe, um in besonderen Situationen kraftvoll handeln zu können. Paulus dagegen formuliert [im direkten Auftrag des Herrn – Näheres am Ende des Anhangs] das Erfülltwerden als Gebot, das unabhängig von Lebenssituationen allen Nachfolgern Jesu gilt. Diese kurze aber wichtige Aufforderung enthält vier wesentliche Gesichtspunkte.

1. Das Verb ›füllen‹ *(plerein)* steht im Imperativ. Paulus gibt hier keine Empfehlung oder einen freundlichen Rat. Er macht keinen Vorschlag, den man annehmen oder ablehnen kann. Er gebietet als bevollmächtigter Apostel. Ein Gebot wendet sich immer an den Willen des Menschen. Ob ein Christ mit Geist erfüllt ist oder nicht, hängt weitgehend von ihm selbst ab. **Christen stehen unter dem Gebot, nach der Fülle des Geistes zu streben.** Darin besteht unsere Verantwortung als Menschen beim Erfülltwerden mit Geist.

2. Das Verb steht in der Mehrzahlform. Das Gebot richtet sich nicht an einzelne Personen in der Gemeinde, die besondere Aufgaben übernommen haben. Erfülltsein mit Geist ist also nicht das Privileg einiger bevorzugter Personen. **Die Aufforderung gilt allen, die zur Gemeinde gehören, und zwar immer und überall. Ausnahmen gibt es nicht.** Paulus sieht es als normal an, dass sich alle Christen mit Geist füllen lassen.

3. Das Verb steht in der Passivform. Es heißt nicht: ›Füllt euch mit Geist!‹, sondern: ›Werdet mit Geist erfüllt!‹ Kein Mensch kann sich selbst mit Geist füllen. Das ist ausschließlich das Werk des Heiligen Geistes. Darin besteht seine Souveränität. **Der Mensch soll aber die Voraussetzungen schaffen, dass der Geist ihn füllen kann. Ohne sein aktives Wollen wird der Geist nicht an ihm handeln.**

4. Der Imperativ steht in der griechischen Sprache in der Präsensform. Dieser Imperativ Präsens beschreibt ein Geschehen, dass sich ständig wiederholt, im Unterschied zum Imperativ Aorist, der sich auf eine

punktuelle Handlung bezieht. Erfülltwerden mit Geist ist demnach keine einmalige Erfahrung, sondern ein wiederkehrender und fortschreitender Vorgang. **Ein Christ ist nicht wie ein Gefäß einmal und für alle Zeiten gefüllt, sondern muss sich ständig ›nachfüllen‹ lassen.** Der Satz kann deshalb auch so wiedergegeben werden: **›Lasst euch beständig und immer wieder neu mit Geist füllen!‹**

Das Erfülltsein mit Heiligen Geist, der uns in der Taufe gegeben wurde, [vorausgesetzt es war eine Taufe aus Wasser und Geist aufgrund voller Hingabe] **kann verlorengehen, wenn die geschenkte Fülle nicht festgehalten wird.** Ist sie verlorengegangen, kann man sie wieder empfangen. Das Erfülltsein muss wiederholt werden, damit der Heilige Geist alle Lebensbereiche ausfüllen kann, und unser geistliches Leben nicht kraftlos dahinwelkt. Geisterfüllung bedeutet nicht, dass wir quantitativ immer mehr von ihm haben, sondern dass der Geist immer mehr von uns hat. **Deshalb gebietet Paulus allen Gläubigen, sich ständig vom Geist füllen zu lassen.** Das ist für ihn der Normalzustand eines Christen. Eine Taufe – aber viele ›Füllungen‹.« [88]

Unser Herr selbst hat das Gebot gegeben:[*]
Lasst euch beständig und immer wieder neu
mit Geist erfüllen! [**]

---

[88] Johannes Mager war Pastor, Evangelist und viele Jahre Dozent für systematische Theologie. Zuletzt Leiter der Abteilung Predigtamt in der Euro-Afrika-Division in Bern (Jetzt Inter-Europa-Division). Er lebt im Ruhestand in Friedensau. Das Zitat ist aus seinem Buch: *Auf den Spuren des Geistes* (Lüneburg, 1999), S. 100, 101 (mit Genehmigung des Verlags)

[*] "The Lord himself has given the command: 'Be filled with the Spirit!' (Eph.5,18) – E.G. White, *Mount of Blessing*, MB 20.3 (egwwritings.ord)

[**] Erklärung vom Griechischen zu Eph.5,18: Johannes Mager, *Auf den Spuren des Geistes*, (Lüneburg, 1999), Seite 100-101

KAPITEL 4

WELCHE UNTERSCHIEDE SIND ZU ERWARTEN?

Welchen Gewinn haben wir durch ein Leben im Heiligen Geist?
Welche Verluste haben wir, wenn wir nicht um den Heiligen Geist beten?

VERGLEICH ZWISCHEN FLEISCHLICHEM UND GEISTLICHEM CHRISTSEIN

Die Folgen eines fleischlichen Christseins für den Einzelnen wurden teilweise bereits erwähnt. Sie drücken sich unter anderem wie folgt aus:

- Der Mensch ist in diesem Zustand nicht errettet. (Röm. 8,6-8; Offb. 3,16)
- Die Liebe Gottes – die Agape-Liebe – ist nicht im Menschen (Röm. 5,5; Gal. 5,22); er ist allein auf seine menschliche Liebe angewiesen.
- Die Macht der Sünde ist nicht gebrochen. (Gal. 5,16; Röm. 8,2)
- Der Mensch hat »*die Kraft nach dem Reichtum seiner Herrlichkeit*« nicht empfangen. (Eph. 3,16.17)
- Christus lebt nicht im Menschen. (1. Joh. 3,24)
- Der Mensch hat keine Kraft zum Zeugnis für Christus empfangen. (Apg. 1,8)
- Der Mensch handelt nach menschlicher Weise, (1. Kor. 3,3) so dass Rivalitäten und Spannungen leichter entstehen können.

- Er wird sich in der Regel schwerer tun, eine Ermahnung anzunehmen.
- Sein Gebetsleben kann Mängel haben.
- Der Mensch hat für das Verzeihen und Nicht-Nachtragen nur menschliche Fähigkeiten.

Der fleischliche Christ handelt teilweise wie der natürliche Mensch. Paulus sagt, »*er handelt nach menschlicher Weise*« (1. Kor. 3,3) Aber teilweise sieht sein Tun und Lassen aus wie das Handeln des geistlichen Menschen, obwohl er es nur aus eigener Kraft und Fähigkeit tut.

Der geistliche Christ erlebt die Gottesfülle:

»Dass er euch Kraft gebe nach dem Reichtum seiner Herrlichkeit, **stark zu wer Kinder und Jugend den durch seinen Geist an dem inwendigen Menschen,** *dass Christus wohne durch den Glauben in euren Herzen und ihr in der Liebe eingewurzelt und gegründet werdet, auf dass ihr begreifen möget mit allen Heiligen, welches da sei die Breite und die Länge und die Höhe und die Tiefe; auch erkennen die Liebe Christi, die doch alle Erkenntnis übertrifft,* **damit ihr erfüllt werdet mit aller Gottesfülle.** *Dem aber, der überschwänglich tun kann, über alles, was wir bitten oder verstehen, nach der Kraft, die da in uns wirkt, dem sei Ehre in der Gemeinde und in Christus Jesus zu aller Zeit, von Ewigkeit zu Ewigkeit. Amen.«* Eph. 3,16-21

AUSWIRKUNGEN DES FLEISCHLICHEN CHRISTSEINS

Es tut mir leid um die Verluste, die in meinem Leben und Einfluss als Prediger durch den Mangel am Heiligen Geist bei mir eingetreten sind. Es bewahrheitet sich leider auch in diesem Bereich, dass wir niemand weiter führen können als wir selbst sind. Der persönliche Mangel des Einzelnen in der Familie und Gemeinde kann sich summieren oder vervielfachen.

Kinder und Jugend

Das fleischliche Christsein ist ein Nährboden für liberales Christenleben. Man versucht unwissentlich und in guter Absicht zu tun, was man nicht kann, und dann sucht man nach Auswegen. Ist das der Grund dafür, dass wir viele unserer Jugendlichen verlieren? Haben wir unseren

Kindern und jungen Leuten – aus Unwissenheit oder anderen Gründen – ein fleischliches Christsein vorgelebt? Wurden sie dadurch auch zu fleischlichen Christen, die deshalb mit Enttäuschung zu kämpfen haben? Ist das der Grund, warum viele es locker nehmen oder nicht mehr in den Gottesdienst kommen oder aus der Gemeinde gegangen sind?

Ein älterer Bruder erklärte kürzlich seiner Gemeinde: »Es gibt einen Grund für die Probleme, die heute in unserem eigenen Leben und im Leben vieler unserer Jugendlicher auftreten: Wir Älteren haben es versäumt, das Wirken des Geistes zu verstehen und mit ihm erfüllt zu werden.«[89]

»Halbherzige Christen sind schlimmer als Ungläubige; denn ihre irreführenden Worte und unverbindliche Position führen viele vom rechten Weg ab. Der Ungläubige zeigt Flagge. Der lauwarme Christ verführt beide Seiten. Er ist weder ein guter Weltmensch noch ein guter Christ. Satan gebraucht ihn für ein Werk, das kein anderer tun kann.«[90]

Wenn wir dagegen geistlich leben, können wir unseren Kindern den Weg zur Hilfe Gottes zeigen. E.G. White sagt etwas wirklich Erstaunliches:

»Lehre deine Kinder, dass es ihr **Vorrecht** ist, jeden Tag [eine Erfüllung] mit dem Heiligen Geist zu empfangen. Lass Jesus deine helfende Hand sein, um seinen Zweck auszuführen. Durch das Gebet kannst du eine Erfahrung machen, die deinen Dienst für deine Kinder zu einem vollen Erfolg führen wird.«[91]

Wir haben unsere Söhne beten gelehrt. Aber haben wir sie gelehrt, täglich um den Heiligen Geist zu beten? Oder wussten wir das selbst nicht? Meine Frau und ich wussten es damals nicht. Ich bin dankbar, dass der Herr die Zeit der Unwissenheit übersehen hat.

Was werden geistliche Eltern für wunderbare Kinder haben, wenn diese auch jeden Tag sich Jesus weihen und um den Heiligen Geist beten.

---

89 Garrie F. Williams, *Erfülltsein vom Heiligen Geist* (Lüneburg 2007), S. 8 / *How to Be Filled With the Holy Spirit and Know it* (R&H,1991)

90 E.G. White, Letter 44, 1903, zitiert in *Adventist Bible Commentary*, Vol.7, 963 zu Offb. 3,15.16

91 E.G. White, *Child Guidance* (www.egwwritings.org), S. 69

Atmosphäre göttlicher Liebe oder nur: Seid nett zueinander?

Welchen Unterschied wird es in der Atmosphäre einer Ehe und Familie, einer Gemeinde oder einer Kirche geben bezüglich fleischlichem oder geistlichem Christsein? Was ist, wenn die Kraft Gottes für ein diszipliniertes Leben fehlt, wenn die Liebe Gottes fehlt und die Kraft der Sünde nicht gebrochen ist oder wenn durch Gottes Gnade diese Eigenschaften vorhanden sind?

Konservative fleischliche Christen neigen zur Kritik. Das ist nicht gut. Obwohl wir über die guten Ordnungen Gottes sprechen müssen, sollten wir gleichzeitig bedenken, dass grundlegende Veränderungen nur dann eintreten, wenn die Änderung von innen kommt.

Liberale neigen dazu es locker zu nehmen und weltliche Methoden zu adaptieren. Auch das kann der Herr nicht segnen.

Joseph Kidder stellt folgenden Zustand der Gemeinden heute allgemein fest: »Teilnahmslosigkeit, Oberflächlichkeit, Weltlichkeit, Fehlen der Freigebigkeit, Burnout der Prediger, Teenager verlassen die Gemeinde, schwache Selbstdisziplin, Pläne ohne wirklichen Hintergrund oder Ergebnis, ein chronischer Mangel an starken und engagierten Männern.«[92]

Die Wurzel unseres Problems sieht er im Mangel an Verbundenheit mit Jesus (Joh 15,1-5) und zu viel Vertrauen in menschliche Bemühungen (Sach 4,6). Die Lösung sieht auch er in einem Leben im Heiligen Geist (Apg 1,8).

Jesus gab uns das neue Gebot:

»Ein neues Gebot gebe ich euch, dass ihr euch untereinander liebt, wie ich euch geliebt habe, damit auch ihr einander liebhabt. Daran wird jedermann erkennen, dass ihr meine Jünger seid, so ihr Liebe untereinander habt.« (Joh 13,34.35)

Lieben wie Jesus bedeutet: lieben mit der göttlichen Liebe (Agape). Diese können wir nur haben, wenn wir erfüllt sind vom Heiligen Geist.

»Uneingeschränkte Liebe zu Gott und selbstlose Liebe zueinander – das ist die beste Gabe, die unser himmlischer Vater uns schenken kann. Diese Liebe ist keine Gefühlsregung, sondern eine göttliche

---

92 Joseph Kidder, *Anleitung zum geistlichen Leben* (Andrews University), PPP Folie 3+4

Grundhaltung, eine beständige Kraft. Ein ungeheiligtes Herz [das hat jeder, der nicht vom Heiligen Geist erfüllt ist] kann sie weder erzeugen noch hervorbringen. Sie ist nur in einem Herzen zu finden, in dem Jesus regiert.«[93]

Ich denke, es ist ein Unterschied, ob wir nur nett zueinander sind oder ob wir uns darüber hinaus lieben mit der Liebe Gottes. E.G. White gibt uns dazu einen bedeutsamen Hinweis:

>»Durch Anlegen des Schmucks eines sanften und stillen Geistes würden neunundneunzig von hundert Schwierigkeiten, die das Leben so verbittern, vermieden.«[94]

Das Wort Gottes deutet in 1. Thess. 4,3-8 etwas für das Eheleben an. Es geht in diesem Abschnitt u.a. auch darum, innerhalb der Ehe in Heiligung und Ehrbarkeit zu leben. Dies wird in Gegensatz zur gierigen Lust der Heiden gestellt. Der dreimalige Hinweis auf das Leben in Heiligung und zusätzlich auf den Heiligen Geist lässt uns erkennen, dass das Leben im Heiligen Geist auch unsere eheliche Beziehung verändern soll und kann. Gott hat uns große Freude und Erfüllung im Eheleben zugedacht. Zeigt das nicht, dass Gott uns helfen will, nicht in Gier, sondern in liebevoller Zärtlichkeit zu verkehren?

Jesus betete um das Einssein seiner Jünger: »*Ich bete darum, dass sie alle eins seien. So wie du in mir bist und ich in dir, Vater, so sollen auch sie in uns sein! Dann wird die Welt glauben, dass du mich gesandt hast.*« (Joh. 17,21 GN)
William G. Johnsson sagt: »Viele Adventisten müssen erst noch begreifen, was es bedeutet, in Christus eins zu sein. Wahrscheinlich haben wir darauf in der Vergangenheit zu wenig Wert gelegt oder wir haben das Pferd von der falschen Stelle aufgezäumt.«[95]

93 E.G. White, *Das Wirken der Apostel* (Hamburg, 1976), S. 549f / *The Acts of the Apostles*, S. 550.551
94 E.G. White, *Zeugnisse für die Gemeinde*, Band 4, S. 380 / *Testimonies for the Church*, Vol. 4, German Version, S. 380
95 William G. Johnsson, *Adventgemeinde in der Zerreißprobe* (Lüneburg 1996), S. 118

Wenn Gottes Kinder im Geist eins sind, wird jeder Pharisäismus und alle Selbstgerechtigkeit ... aus ihren Herzen entfernt werden.

"

Christus ist dann in uns, wenn wir erfüllt sind vom Heiligen Geist. Das geistliche Christsein trägt zur Erhörung des Gebets unseres Herrn bei. E.G. White sagt: »Wenn Gottes Kinder im Geist eins sind, wird jeder Pharisäismus und alle Selbstgerechtigkeit (die größte Sünde der jüdischen Nation) aus ihren Herzen entfernt werden. ... Gott wird sein Geheimnis offenbaren, das Zeitalter um Zeitalter verborgen war. Er wird zeigen, ›was der herrliche Reichtum dieses Geheimnisses unter den Heiden ist, nämlich Christus in euch, die Hoffnung der Herrlichkeit‹ Kol. 1,27.«[96]

Korrigierende Seelsorge

Wird es Auswirkungen auf die korrigierende Seelsorge haben, wenn sie nicht oder kaum in der Liebe Gottes durchgeführt wird? Welche Entscheidungen wird eine Gemeinde treffen, die überwiegend aus fleischlichen Christen besteht oder gar einen fleischlichen Pastor oder Vorsteher hat? Wenn ich an meinen Dienst zurückdenke, dann habe ich den Eindruck, dass geistliche Gemeindeglieder dazu tendieren, den »Gefallenen« zur Einsicht zu bringen. Und wenn er bereut und bekannt hat, dann hat die Seelsorge ihren Zweck erreicht. Fleischliche Christen können in der korrigierenden Seelsorge manchmal dazu neigen, diese als Strafe zu handhaben, sogar bis hin zum Missbrauch als ein Instrument der Machtausübung (Mt. 18,15-17; 1. Kor. 3,1-4; 2. Kor. 10,3; Judas 19).

GOTTES PROPHETENWORT FÜR DIE ENDZEIT

Der Herr hat die Gepflogenheit, wichtige neue Entwicklungen durch Propheten zu offenbaren (Amos 3,7). So gab er wichtige prophetische

---

96 E.G. White, *Für die Gemeinde geschrieben*, Band 1, S. 406.2 (EllenWhite.org)
   Selected Messages, Vol. 1, S. 386.1 egwwritings.org)

Botschaften für die Endzeit durch E.G. White. Da sich in der Endzeit vieles deutlich von früheren Zeiten unterscheidet, war eine entsprechende Zusatzinformation von Gottes Seite wichtig und notwendig. Modern ausgedrückt ist das ein »Update«, was so viel heißt wie: auf den neuesten Stand bringen. Nach Aussage von E.G. White haben diese Botschaften ihre Bedeutung bis zur Wiederkunft Jesu. Da sie u. a. auch Lebensstiländerungen, Tadel, Ermahnungen und anderes enthalten, wird das ein geistlicher Mensch leichter annehmen als ein fleischlicher. Allerdings: Wenn jemand diese Botschaften ernst nimmt, muss das allein aber noch nicht bedeuten, dass er geistlich ist. Nachdenkenswert ist in dieser Beziehung das Wort in 5. Mose 18,19 (nach GN): »*Wer nicht befolgt, was ein Prophet an meiner Stelle sagt, den ziehe ich dafür zur Rechenschaft.*«

Das zeigt deutlich, dass wir es bei der Botschaft echter Propheten nicht mit diesen Personen, sondern mit Gott zu tun haben. Woran können wir erkennen, ob jemand ein echter Prophet ist? Das Wort Gottes nennt uns etwa fünf Prüfpunkte. Ein echter Prophet muss allen fünf Punkten entsprechen.

1. Sein Lebenswandel – »*An ihren Früchten sollt ihr sie erkennen.*« Mt. 7,15-20
2. Erfüllung von Voraussagen, 5. Mose 18,21.22 (mit Ausnahme bedingter Prophezeiungen, z.B. Jona)
3. Aufforderung zur Treue Gott gegenüber (im Sinne des Wortes Gottes). 5. Mose 13,1-5
4. Anerkennung der Person Jesu als wahrer Gott und wahrer Mensch. 1. Joh. 4,1-3
5. Übereinstimmung mit den Lehren der Heiligen Schrift. Joh. 17,17

Alle Gebote Gottes, auch die Weisungen der Propheten, sind zu unserem Besten. Daher sind sie für uns außerordentlich wertvoll. Somit können wir ihnen als geistliche Menschen in der Kraft Gottes mit Freude gehorchen und wissen, dass dies zum Lebenserfolg beiträgt. »*Glaubet an den Herrn, euren Gott, so werdet ihr sicher sein, und **glaubet seinen Propheten, so wird es euch gelingen.***« GN: »*Vertraut dem Herrn, eurem Gott, dann werdet ihr stark sein! **Glaubt seinen Propheten, und ihr werdet siegen.***« (2. Chron. 20,20b)

In der Studienanleitung zur Bibel wird Folgendes über die Beziehung zwischen dem Leben im Heiligen Geist und dem Wort wahrer Propheten gesagt: »Wer Prophetenworte ablehnt, sperrt sich gegen die Weisung des Heiligen Geistes. Die Folge wird heutzutage nichts anders sein als zur damaligen Zeit – Verlust der Beziehung zu Gott und Öffnung für negative Einflüsse.«[97]

PLANUNG / STRATEGIE

Eine wichtige Aufgabe ist für uns das Suchen nach guten Lösungen und Methoden für die Aufgaben innerhalb der Gemeinde und der Mission. Es geht um unsere Pläne und Strategien. Dabei geht es hauptsächlich um die geistliche Stärkung der Gemeinden und um größere Seelenrettung.

Ich bin jetzt seit 65 Jahren getauft und seit 43 Jahren Prediger. Wir haben eine Fülle von Programmen und Methoden entwickelt. Wir waren sehr fleißig. In diesem Zusammenhang muss ich aber erneut an das Wort von Dwight Nelson im Jahr 2005 denken.

> »Unsere Gemeinde hat bis zur Ermüdung bewundernswerte Formen, Pläne und Programme entwickelt, aber wenn wir uns nicht endlich unseren geistlichen Bankrott eingestehen [Mangel an Heiligem Geist], der zu viele von uns Predigern und leitenden Verantwortlichen erfasst hat, werden wir niemals über unser Pro-Forma-Christenleben hinauskommen.«[98]

> Das Gleiche sagt Dennis Smith:
> »Ich bin nicht gegen Pläne, Programme und Methoden. Aber ich befürchte, dass wir uns oft auf diese Dinge verlassen haben, um Gottes Werk zu fördern. Pläne, Programme und Methoden werden das Werk Gottes nicht beenden. Große Verkündiger, wunderbare christliche Konzerte, Satelliten-Übertragungen werden Gottes Werk nicht beenden. Gottes Geist wird das Werk beenden – Gottes Geist, der spricht und dient durch geisterfüllte Männer und Frauen.«[99]

---

97 Studienanleitung Standardausgabe, Philip G. Samaan, 11.10.1989, Anmerkung zu Frage 8
98 Helmut Haubeil (Hrg.), *Missionsbrief Nr. 34* (Bad Aibling, 2011), S. 3
99 Dennis Smith, *40 Tage – Andachten und Gebet zur Vorbereitung auf die Wiederkunft Jesu* (Wien, 2012), S. 88 / *40 Days – Prayers and Devotions to Prepare for the Second Coming* (R&H, 2009), S. 61

TAUFEN / SEELENRETTUNG

Die Bibel zeigt uns, dass der Heilige Geist eine entscheidende Voraussetzung für das Gewinnen von Menschen für Christus ist (siehe Apostelgeschichte). Wir haben auf der einen Seite gut wachsende Gemeinden und andererseits stagnierende oder auch schrumpfende Gemeinden. Aber eines steht für mich fest: Der Hauptgrund ist der Mangel an Heiligem Geist. Natürlich haben uns diese Probleme stark beschäftigt. Wir haben viele Pläne und Programme entwickelt oder adaptiert. Daran sehen wir, dass der Mangel an Heiligem Geist zu einem großen Einsatz führt, verbunden mit einem Verlust an Mitteln und Zeit, und zwar dadurch, dass wir unnötige oder nicht erfolgreiche Wege einschlagen. Zwei Zitate von E.G. White verdeutlichen die Situation:

>>Der Herr arbeitet zur Zeit nicht daran, viele Menschen in die Wahrheit zu führen wegen der Gemeindeglieder, die nie bekehrt waren und denen, die einmal bekehrt waren aber zurückgegangen sind. Welchen Einfluss würden diese nicht Gott geweihten [fleischliche Christen] Glieder auf neue Bekehrte haben?<<[100]

>>Wenn wir uns vor Gott demütigten, freundlich, höflich, zartfühlend und mitleidig wären, dann wären hundert Bekehrungen zur Wahrheit, wo heute nur eine ist.<<[101]

Auf der anderen Seite haben wir Taufen von Menschen, die nicht ausreichend vorbereitet sind. E.G. White sagte:

>>Das Neugeborenwerden ist eine seltene Erfahrung in unserer heutigen Zeit. Das ist der Grund warum wir so viele Schwierigkeiten in den Gemeinden haben. Viele, so viele, die den Namen Christi annehmen, sind ungeheiligt. Sie wurden getauft, aber sie wurden dabei lebendig begraben. Ihr Ich ist nicht gestorben, und daher sind sie nicht zu neuem Leben aufgestanden.<<[102]

Das ist ein Wort aus dem Jahr 1897. Wie steht es heute? Das Problem ist: Wer nicht von neuem geboren ist, ist nicht erfüllt worden mit dem

---

[100] E.G. White, *Testimonies for the Church Vol. 6* (www.egwwritings.org), S. 371
[101] E.G. White, *Testimonies for the Church Vol. 9* (www.egwwritings.org), S. 189
[102] E.G. White, *MS 148*

Heiligen Geist. Jesus sagt: »*Nur wer von Wasser und Geist geboren wird, kann in Gottes neue Welt hineinkommen.*« Ist es nicht so, dass der Mangel an Heiligem Geist uns in allen Bereichen begegnet?

HEILIGER GEIST UND VERKÜNDIGUNG

Gott lässt uns über die Bedeutung des Heiligen Geistes in der **Verkündigung** sagen: »Die Verkündigung des Wortes Gottes wird ohne die beständige Gegenwart und Hilfe des Heiligen Geistes erfolglos sein; denn er ist der einzige erfolgreiche Lehrer der göttlichen Wahrheit. Nur wenn die Kraft des Geistes das Wort der Wahrheit in die Herzen senkt, wird es das Gewissen wecken und das Leben umgestalten. Ein Mensch kann fähig sein, das Wort Gottes buchstabengetreu mitzuteilen, er kann mit allen seinen Geboten und Verheißungen vertraut sein; doch wenn der Heilige Geist die Wahrheit nicht fest gründet, wird keine Seele auf den ›Eckstein‹ fallen und daran ›zerschellen‹. Weder ein hohes Maß an Bildung noch irdische Vorteile, wie groß sie auch sein mögen, können den Menschen ohne die Mitwirkung des Geistes Gottes zum Lichtträger machen.«[103]

Verkündigung findet nicht nur in der Predigt statt, sondern auch in Vorträgen, Bibelstunden oder Hauskreisen.

Randy Maxwell sagt:
»Aber tatsächlich sind wir geistlich kraftlos und missionarisch (fast) wirkungslos, weil uns der wirksame Kontakt mit unserem lebendigen Herrn fehlt.«[104]

Ist der Mangel an Heiligem Geist auch die Ursache von Furcht? Könnte Emilio Knechtle Recht haben, wenn er sagt: »Warum gelingt es uns ... nicht, die böse, verdorbene Welt auf den Kopf zu stellen? Es ist etwas falsch gelaufen mit unseren Überzeugungen. Wir fürchten uns vor Konflikten, wir fürchten uns vor Zusammenstoß, wir fürchten uns vor Schwierigkeiten, wir fürchten uns, unsere Stelle zu verlieren, wir fürchten uns, unseren Ruf zu verlieren, wir fürchten uns, unser Leben zu verlieren. So schweigen wir

---

103 E.G. White, *Das Leben Jesu* (Hamburg, 1973), S. 670f / *The Desire of Ages*, S. 671
104 Randy Maxwell, *Wenn Gottes Volk betet ...* (Lüneburg, 2005), S. 8 / *How to Be Filled With the Holy Spirit and Know it*, (R&H.1991)

und verstecken uns. Wir fürchten uns, der Welt das Evangelium in einer liebevollen aber mächtigen Weise zu verkündigen.«[105]

Die Lösung für dieses Problem zeigt uns Apg. 4,31: »*Als sie geendet hatten, bebte plötzlich die Erde an ihrem Versammlungsort, und alle wurden vom Heiligen Geist erfüllt. Ohne Furcht verkündeten sie alle die Botschaft Gottes.*«

DER HEILIGE GEIST UND UNSERE LITERATUR

Bezüglich unserer Literatur schreibt E.G. White: »Ein Artikel, der im Geist Gottes geschrieben wurde, wird von den Engeln bestätigt und beeindruckt in derselben Weise den Leser. Wenn aber der Schreiber eines Artikels nicht zur Ehre Gottes lebt und sich ihm nicht vollständig geweiht hat, dann bemerkten die Engel den Mangel mit Trauer. Sie wenden sich ab und beeindrucken den Leser nicht, weil Gott und sein Geist nicht darin sind. Die Worte mögen gut sein, aber sie beinhalten nicht den erbauenden Einfluss des Geistes Gottes.«[106]

> *Ich möchte nochmals betonen: Es war natürlich nicht alles falsch, was wir gemacht haben. Auf gar keinen Fall. Wir haben gute und sehr gute Dinge entwickelt; viele von uns waren sehr engagiert. Der Herr hat sicher unseren menschlichen Einsatz so weit wie möglich gesegnet. Aber die große Frage ist: Gehen wir als geistliche oder fleischliche Christen an diese Aufgaben heran? Eines steht fest: Wenn wir uns auf fleischlicher Basis um Lösungen bemühen, werden wir viel Zeit vergeblich investieren; wir werden viele Maßnahmen durchführen, die am Ende nichts bringen.*

---

105 CD »*Die letzte Vorbereitung*«, Teil 6
106 E.G. White, *PH 016* (www.egwwritings.org), S. 29

HEILIGER GEIST: OHNE FRÜHREGEN, KEIN SPÄTREGEN

»Der Frühregen, die Erfüllung mit dem Heiligen Geist, bringt uns zur notwendigen geistlichen Reife, die erforderlich ist, damit wir vom Spätregen Nutzen haben.«[107]

»Der Spätregen, der die Ernte der Erde zur Reife bringt, stellt die geistliche Gnade dar, die die Gemeinde auf das Kommen des Menschensohnes vorbereitet. Ist aber der Frühregen nicht gefallen, wird es kein Leben geben und kein Blatt wird sprießen. Wenn der Frühregen sein Werk nicht getan hat, kann der Spätregen keine Saat zur vollen Entwicklung bringen.«[108]

HEILIGER GEIST UND BIBLISCHE HEILIGUNG

»Sie [die biblische Heiligung] kann nur durch den Glauben an Christus, durch die Macht des innewohnenden Geistes Gottes erreicht werden«.[109]

GROSSE MISSIONSWERKE OHNE HEILIGEN GEIST?

Könnten große Institutionen, erfolgreiche Evangelisationsprogramme und gewaltige Missionsstrategien auch ohne den Geist Gottes entwickelt worden sein? Andrew Murray, der große Missionar Südafrikas, wusste, dass dies sehr wohl möglich und in einem großen Teil der Christenheit auch Wirklichkeit ist, denn er schrieb folgendes:

»Ich kann [über Gott] predigen oder schreiben, nachdenken oder meditieren und mich daran erfreuen, mit Dingen in Gottes Wort und seinem Reich beschäftigt zu sein – und dennoch kann das Wirken des Heiligen Geistes merklich fehlen. Ich befürchte, wenn man all die Predigten in der Gemeinde Christi betrachtet und fragt, warum sie so wenig bekehrende Kraft beinhalten, warum trotz vieler Arbeit oft so wenig Ergebnisse für die Ewigkeit zu sehen sind und warum das gepredigte Wort so wenig Kraft hat, die Gläubigen zur Hingabe [an Gott] und zur Heiligung zu führen, dass die Antwort lautet: Es ist die Abwesenheit des Heiligen Geistes.

---

107 Dennis Smith, 40 Tage (Nr.2) – *Andachten und Gebete zur Vertiefung Deiner Gottesbeziehung*, (Wien, 2013), S. 175

108 E.G. White, *The Faith I Live By*, S. 333, zitiert in *40-Tage-Buch Nr. 2*, S. 175

109 E.G. White, *Der große Kampf*, (Hamburg, 1958) S. 469

Und warum ist das der Fall? Es kann dafür nur einen Grund geben: das ›Fleisch‹ [siehe Galater 3,3] und menschliche Kraft haben den Platz eingenommen, den der Heilige Geist innehaben sollte.«[110]

HEILIGER GEIST UND GESUNDHEIT

»Ich ermahne euch nun, liebe Brüder, durch die Barmherzigkeit Gottes, dass ihr **eure Leiber gebet zum Opfer**, *das da lebendig, heilig und Gott wohlgefällig sei. Das sei euer vernünftiger Gottesdienst.«* Röm. 12,1

»Wisset ihr nicht, dass ihr Gottes Tempel seid und der Geist Gottes in euch wohnt? Wenn jemand den Tempel Gottes verdirbt, den wird Gott verderben, denn der Tempel Gottes ist heilig, der seid ihr.« 1. Kor. 3,16.17

»Oder wisset ihr nicht, dass euer Leib ein Tempel des Heiligen Geistes ist, der in euch ist, welchen ihr habt von Gott, und seid nicht euer eigen? Denn ihr seid teuer erkauft; darum so preiset Gott an eurem Leibe.« 1. Kor. 6,19.20 (siehe auch: 2. Mose 15,26)

Vom Heiligen Geist erfüllte Menschen sind ein Tempel Gottes. Hast du dir einmal vor Augen gestellt, welche Schlussfolgerungen sich für dein Leben daraus ergeben? Ein Tempel ist ein Wohnort Gottes. Gott sagte zu Mose: *»Sie sollen mir ein Heiligtum machen, dass ich unter ihnen wohne.«* 2. Mose 25,8

Wenn wir diese Aussage ernst nehmen, dann werden die Gesundheitspflege und unser Lebensstil zu einem bewussten Teil unserer Nachfolge. Unser Körper ist Eigentum Gottes. Willst du mit Gottes Eigentum sorgfältig umgehen? Ja, wir wollen sorgfältig mit unserem Körper umgehen und zwar entsprechend den Weisungen Gottes! Dies erfordert eine gewisse Disziplin. Jemand, der vom Heiligen Geist erfüllt ist, kann und wird diese Disziplin in der Regel mit Freude durchführen können. Der Lohn ist eine bessere Gesundheit an Körper, Geist und Seele. Wer nicht vom Heiligen Geist erfüllt ist, wird sich schwerer tun und dadurch Nachteile erleiden. Gott erwartet, dass wir zu seiner Ehre, für seinen Dienst und zu unserer eigenen Freude unseren Körper und Geist in der bestmöglichen Verfassung erhalten. Für die Erfüllung mit dem Heiligen Geist gibt es auch in dieser Beziehung keinen Ersatz. Wenn

---

[110] Randy Maxwell, *Wenn Gottes Volk betet ...* (Lüneburg, 2005), S. 149f / *If My People Pray* (PPPA1995)

Jesus durch den Heiligen Geist in uns lebt, dann ist er auch »*der Herr, dein Arzt*« (2. Mose 15,26). Heilung ist stets zum Besten des Betroffenen und zur Ehre Gottes. Das kann die Frage aufkommen lassen: Heilt der große Arzt dann alle?

»Eine ältere Kambodschanerin kam als Flüchtling in die Notaufnahme eines Missionskrankenhauses, das in einem Flüchtlingslager in Thailand eingerichtet worden war. Sie hatte die Kleidung einer buddhistischen Nonne. Sie bat von Dr. Jesus behandelt zu werden. Daher erzählten sie ihr von Jesus. Sie setzte ihr Vertrauen in ihn und wurde geheilt an Leib und Seele. Als sie nach Kambodscha zurück konnte, hatte sie 37 Menschen für Christus gewonnen.«[111]

Der Herr ließ dem treuen König Hiskia in seiner Krankheit sagen: »*Ich will dich gesund machen.*« (2. Kön. 20,1-11) Aber warum hat der Herr ihn nicht durch ein Wort geheilt, sondern den Auftrag gegeben, ein Feigenpflaster aufzulegen? Könnte es sein, dass der Herr auch unsere Beteiligung erwartet durch natürliche Heilmittel oder Veränderungen in der Ernährung, Bewegung, Ruhe usw.? Warum hat der Herr Paulus nicht geheilt, sondern ihm einen »Pfahl im Fleisch« belassen? Paulus sagt selbst: »*Auf dass ich mich nicht der hohen Offenbarungen überhebe.*« (2. Kor. 12,7-10) Dennoch darf E.G. White uns mitteilen: »Der Einfluss des Geistes Gottes ist die beste Medizin, die ein kranker Mann oder Frau empfangen können. Der Himmel ist nur Gesundheit. Umso tiefer die himmlischen Einflüsse vorhanden sind, umso sicherer wird die Genesung des glaubenden Kranken sein.«[112]

Ist es nicht bemerkenswert und bezeichnend, was ein Geschäftsmann schrieb? Er teilte mit, dass alle Gesundheitsseminare bei ihm nie etwas ausrichteten. Seit er jedoch täglich um den Heiligen Geist bete, habe er sich voll auf Gesundheit umgestellt und eine vegetarische Lebensweise angenommen. Zeigt das nicht, dass die Erfüllung mit dem Heiligen Geist uns motiviert und Kraft schenkt, mit Freude einen gesunden Lebensstil anzunehmen?

Diese Erfahrung hat eine Glaubensschwester gelesen. Sie schrieb: Durch meine völlige Hingabe an Jesus hat Gott mein Leben in nur einem Monat komplett verändert. Nach meinem Übergabegebet ging ich am

---

111 Autor unbekannt, *Our Daily Bread – Andachtsbuch* (RBC Ministries), 26. Nov. 1993 (PPPA1995)

112 E.G. White, *Medical Ministries* (www.egwwritings.org), S. 12

nächsten Morgen in die Küche, stand bei der Kaffeemaschine, schüttelte den Kopf und sagte zu mir selbst: Nein, ich trinke keinen Kaffee mehr. Dies war früher undenkbar, denn immer wenn ich aufgehört hatte Kaffee zu trinken, bekam ich fünf Tage lang entsetzliche Kopfschmerzen – das waren starke Entzugserscheinungen. Dieses Mal habe ich nicht einmal darüber nachgedacht, welche Konsequenzen dies für mich haben würde. Ich wusste nur: Das möchte ich jetzt nicht mehr. Heute habe ich kein Verlangen mehr danach.[113] Das war nur eine von vielen Veränderungen in ihrem Leben. (Wer frei werden will von Gebundenheiten, dem darf ich den Andreasbrief Nr. 5 empfehlen: Sieg über Tabak und Alkohol. Er erklärt eingehend den Weg der Befreiung durch Beten mit Verheißungen.[114])

Das Leben im Heiligen Geist ist sehr hilfreich für Lebensstiländerungen, denn darum geht es. Wir brauchen Gesundheitsinformation verbunden mit der Kraft zur Veränderung. Don Mackintosh, Director Newstart Global, Weimar CA, sagt:

»Die wirkliche Not unserer Zeit ist nicht ein Mangel an Gesundheitserziehung – wir haben ausgezeichnete Information. Was nötig ist, ist Gesundheitsinformation in Verbindung mit der Kraft, dies in die Praxis umzusetzen: Es geht um die Kraft zur Veränderung.«[115] Ist das nicht die Kraft des Evangeliums, die Kraft des Heiligen Geistes?

Zum Schluss möchte ich noch fragen: Wie steht es mit Glaubensheilungen? Können solche überhaupt erwartet werden ohne Erfülltsein vom Heiligen Geist? (Siehe Mark. 16,17.18; Jak. 5,14-16.)

VORBEREITUNG AUF DIE WIEDERKUNFT JESU

Um vorbereitet zu sein für die Wiederkunft Jesu (oder auch für unser Ableben im Herrn) gibt es für die innige Gemeinschaft mit Jesus durch den Heiligen Geist keinen Ersatz. Wenn Christus durch den Heiligen Geist in mir lebt, dann bin ich durch seine Gnade vorbereitet. Drei Bereiche zeigen das.

---

113 E-Mail vom 18.11.2014
114 Andreasbrief Nr. 5 *Sieg über Tabak und Alkohol*, www.missionsbrief.de – Andreasbriefe. Man kann diesen Andreasbrief auch beziehen bei Wertvoll leben, Adventist Book Center und TopLife – Wegweiser Verlag.
115 Dave Fiedler, *D'Sozo*, (Remnant Publications), Forword

Persönliche Christusbeziehung

Jesus sagte: »*Das ist aber das ewige Leben, dass sie dich, der Du allein wahrer Gott bist, und den Du gesandt hast, Jesus Christus, erkennen.*« (Joh. 17,3) »Erkennen« hat in der Bibel eine viel tiefere Bedeutung als in der deutschen Sprache heute. Es meint die völlige gegenseitige, liebevolle Hingabe. Sie ist nur vorhanden durch ein Leben im Heiligen Geist. Dies kommt auch zum Ausdruck im folgenden Zitat:

»Wir müssen eine lebendige Verbindung mit Gott haben. Wir müssen mit Kraft aus der Höhe erfüllt sein durch den Heiligen Geist, damit wir einen höheren Stand erreichen; es gibt für uns keine andere Hilfe.«[116] Jesus sagt im Gleichnis von den zehn Jungfrauen zu den törichten: »*Ich kenne euch nicht.*« Was war der Grund? Der Mangel an Öl, der den Mangel am Heiligen Geist darstellt (Mt. 25,1-13).

Die Männer, die Jesus ans Kreuz brachten, hatten ausgezeichnete Kenntnisse des Alten Testaments. Aber aufgrund ihrer falschen Auslegung suchten sie keine persönliche Beziehung zu Jesus.

Ist uns bewusst, dass die Endzeit-Generation – aufgrund der Endzeit-Verhältnisse – die innigste Verbindung zu Gott braucht?

Gerechtigkeit aus dem Glauben

In der letzten Botschaft Gottes an die Menschen, in der Drei-Engels-Botschaft, geht es um die Verkündigung des »ewigen Evangeliums« (Offb. 14, 6.7). Was ist der Kern dieser Botschaft, die die ganze Welt hören soll? Es ist unsere Rechtfertigung aus Gnade durch den Glauben an Jesus Christus allein (Eph. 2,8.9). Diejenigen, die in der Endzeit diese Botschaft mit Kraft verkündigen, müssen die Kraft dieser Botschaft selbst erleben. Sie müssen die Gerechtigkeit aus dem Glauben durch Jesus allein als ihren sündenvergebenden und von Sünde befreienden Erlöser verstehen und auch persönlich erfahren. Das ist nur möglich in einem vom Heiligen Geist erfüllten Leben, durch das Jesus Christus in uns den Gehorsam erbringen kann. Das Innewohnen Jesu in uns zeigt sich im Gehorsam gegenüber allen Geboten Gottes. Die Welt wird mit dieser Botschaft erleuchtet werden (Offb. 18,1).

---

116   E.G. White, *Review and Herald* (www.egwwritings.org), 5. April 1892

Liebe zur Wahrheit

Welche Auswirkungen hat es in unserem Leben, wenn wir ein vom Heiligen Geist erfülltes Leben führen, und was ist, wenn es nicht so ist? Wie steht es dann mit der **Liebe zur Wahrheit, mit dem Studium des Wortes Gottes und dem Umsetzen der Wahrheit in unserem Leben?** 2. Thess. 2,10 sagt, dass »*die verloren werden, weil sie die Liebe zur Wahrheit nicht angenommen haben zu ihrer Rettung*«. Diejenigen, die nicht verführt werden können, haben die Liebe zur Wahrheit in ihren Herzen. Wie bekommen wir diese Liebe? Wir können sie nur haben, wenn Jesus Christus durch den Heiligen Geist in uns wohnt. Röm. 5,5 sagt, dass die Liebe durch den Heiligen Geist in unser Herz kommt. Eph. 3,17 sagt uns, dass wir in der Liebe »*eingewurzelt und gegründet werden*« durch den Heiligen Geist. In Joh. 16,13 wird der Heilige Geist »*Geist der Wahrheit*« genannt. Das zeigt uns deutlich, dass es nötig ist, ein geistlicher Christ zu sein, um die Liebe zur Wahrheit zu haben. Haben wir heute Probleme mit der Liebe zur Wahrheit, zum Wort Gottes, zum prophetischen Wort? Bedenken wir auch die vor uns liegende Zeit: »Nur die, welche eifrig in der Bibel geforscht und die Liebe zur Wahrheit angenommen haben, werden vor der gewaltigen Täuschung, die die Welt gefangen nimmt, geschützt sein. ... Ist Gottes Volk jetzt so fest auf sein Wort gegründet, dass es sich nicht auf seine Sinneswahrnehmungen verlässt.«[117]

Gott fragt nicht, ob wir alle Wahrheit erkannt haben, sondern er fragt nach der Liebe zur Wahrheit. »Die Schiene der Wahrheit liegt dicht neben der Schiene des Irrtums, und beide Gleise mögen Gemütern, die nicht durch den Heiligen Geist erleuchtet sind, als ein und dasselbe erscheinen.«[118]

GEISTESFRUCHT ODER WERKE DES FLEISCHES

»Der Einfluss des Heiligen Geistes ist das Leben Christi in der Seele. Wir sehen Christus nicht und sprechen nicht zu ihm, doch sein Heiliger Geist ist uns an jedem Ort und überall nahe. Sein Heiliger Geist wirkt in und durch jeden, der Christus annimmt. **Wer den innewohnenden Geist kennt, zeigt die Frucht des Geistes.**« [119]

117 E.G. White, *Der große Kampf* (Hamburg, 1958), S. 626 / *The Great Controversy*, chapter 39
118 E.G. White, *Brief* 211, 1903
119 Francis D. Nichol (Hrg.), *Adventist Bible Commentary* Vol. 6 (Hagerstown, 1980), S. 1112

Gal. 5,22: Liebe, Freude, Friede, Geduld, Freundlichkeit, Güte, Glaube, Sanftmut, Keuschheit. (Elb.) Treue, Enthaltsamkeit, (Menge) Beständigkeit. Eph. 5,9: Gerechtigkeit, Wahrheit.

Gal. 5,16-21 zeigt uns, dass durch den Heiligen Geist die Kraft der Sünde in uns gebrochen wird.

GN: »*Lebt aus der Kraft, die der Geist Gottes gibt;* **dann müsst ihr nicht euren selbstsüchtigen Wünschen folgen.** *Die menschliche Selbstsucht kämpft gegen den Geist Gottes und der Geist Gottes gegen die menschliche Selbstsucht; die beiden liegen im Streit miteinander, so dass ihr das Gute nicht tun könnt, das ihr doch eigentlich wollt.* **Wenn aber der Geist Gottes euer Leben bestimmt, dann steht ihr nicht mehr unter dem Zwang des Gesetzes der Sünde** *(Röm. 7,23 und 8,1). Wohin die menschliche Selbstsucht führt, kann jeder sehen: zu Unzucht, Verdorbenheit und Ausschweifungen, Götzendienst und Zauberei, Streit, Gehässigkeit, Rivalität, Jähzorn, Geltungsdrang, Uneinigkeit und Spaltungen, Neid, Trunk- und Fresssucht und noch vieles dergleichen. Ich warne euch, wie ich es schon früher getan habe: Wer solche Dinge tut, für den ist kein Platz in Gottes neuer Welt.«* (Gal. 5,19-21)

GEISTLICHE GABEN

»Unter den geistlichen Gaben verstehen wir die durch den Heiligen Geist gewirkten Gaben, wie sie in 1. Kor. 12,28 und Eph. 4,11 erwähnt werden: Apostel, Propheten, Evangelisten, Hirten, Lehrer, Wundertäter, Gaben gesund zu machen, Helfer, Regierer, Sprachengabe. Diese Gaben tragen dazu bei, ›dass die Heiligen zugerüstet werden zum Werk des Dienstes‹. ... Sie bestätigen das Zeugnis der Gemeinde und schenken ihr Leitung und Führung.«[120] Der Heilige Geist hat für bestimmte Zwecke auch andere Gaben gegeben: »Erkenntnis und Geschicklichkeit kunstreich zu arbeiten« (2. Mose 31,2-6) oder Architektur (1. Chron. 28,12.19).

Wenn wir Jesu Jünger werden, übergeben wir uns ihm mit allem, was wir sind und haben. Damit werden alle unsere Gaben und Fähigkeiten, angeborene wie erworbene, Gott zur Verfügung gestellt. Er kann uns

---

120 Gerhard Rempel (Hrg.), *Schlüsselbegriffe adventistischer Glaubenslehre* (Hamburg), S. 44.
This German book is a translation of the Seventh-Day Adventist Bible Commentary Vol.10, (Hamburg 1973), Geistliche Gaben, S. 44

zusätzlich geistliche Gaben geben oder die natürlichen Fähigkeiten läutern und veredeln.

Können wir trotz eines Mangels an Heiligem Geist geistliche Gaben haben?

GOTTES WAHL ODER VOLKSHERRSCHAFT?

Wir haben weltweit demokratische Formen in der Gemeinde. Sie waren jedoch nie gedacht als Volksherrschaft. Demokratie ist Volksherrschaft. Das eigentliche Ziel unserer Abstimmungen ist doch, dass der Einzelne auf die Stimme Gottes hört und entsprechend seine Stimme abgibt. Durch das Hören auf die Stimme Gottes soll sich der Wille Gottes in der Abstimmung kundtun. Wir beten ja sicher alle vor der Teilnahme an Ausschüssen. Es wird auch oft vor der Stimmabgabe eingeladen zu einem stillen Gebet, damit wir uns vor Gott klar werden, wie wir abstimmen sollen. Nehemia sagt: »*Mein Gott gab mir ins Herz, dass …*« (Neh. 7,5), und E.G. White sagt zu Nehemia Kapitel 1: »Und während er betete, formte sich eine heilige Absicht in seinem Geist.«[121]

Wird ein fleischlicher Christ die Stimme Gottes hören? Wenn er sich nicht bewusst und völlig dem Herrn übergeben hat, dann wird er sicher keine Antwort bekommen (Ps. 66,18; Ps. 25,12). Wenn jemand, der fleischlich ist, aufrichtig nach bestem Wissen und Gewissen abstimmt, dann ist das sicher menschlich gesehen noch in Ordnung. Aber in dem Augenblick, in dem menschliche Absprachen getroffen werden, wird es Manipulation und Sünde.

Die Leiter haben großen Einfluss auf das Werk Gottes. Es besteht ein deutlicher Unterschied und kann bedeutende Folgen haben, ob Brüder und Schwestern leiten, die Gott für diese Aufgabe berufen hat oder ob sie aufgrund einer menschlichen Wahl diese Aufgabe durchführen.

Durch das Lesen eines Buches über das Gebet wurde mir bewusst, dass wir Gott bitten dürfen, uns den Weg zu zeigen, den wir gehen sollen (Ps. 32,8). Das stille Hören auf die Stimme Gottes hat mein ganzes Leben verändert. Ich berichte darüber durch die Erfahrung »Vom Prokurist zum Prediger«.[122] Es gibt auch eine wertvolle Predigt zum Hören von

---

121 E.G. White, *Southern Watchman* (www.egwwritings.org), 1. März. 1904
122 www.gotterfahren.info – Gott verändert Leben – Vom Prokurist zum Prediger

Kurt Hasel »Wie treffe ich richtige Entscheidungen?«[123] und eine profunde Predigt aus alter Zeit zum Lesen von Henry Drummond: »Wie erkenne ich den Willen Gottes?«[124]

Dazu eine Erfahrung vom 23. Oktober 2014: Das Missionswerk »Country Life Institute Austria« in Kärnten / Österreich (TGM-Trainingszentrum für Gesundheitsmission und Gesundheitszentrum Mattersdorferhof) stand vor einer Entscheidung: Sollen wir einen Anbau machen oder nicht? Es sprach vieles dafür und ebenso dagegen. Die entscheidende Frage war: Was ist der Wille Gottes? Wir sprachen nicht mehr über das Für und Wider, sondern beteten zehn Tage lang täglich, dass der Herr uns vorbereitet, seine Stimme zu hören und uns in einer Gebetsstunde am 23. Oktober [nach Abreise der Newstartgäste] sagt: Soll ein Anbau gemacht werden oder nicht?

Wir hatten dann diese Gebetsstunde mit über 20 Teilnehmern. Nach unserer Gebetsgemeinschaft bat jeder den Herrn in der Stille, ihm zu sagen, ob wir bauen sollen oder nicht. Die persönlich empfangene Antwort Gottes wurde folgendermaßen der Gruppe mitgeteilt. Wenn bauen, bitte auf den Zettel: »+«, wenn nicht bauen: »–«, und wenn keine Antwort: »o«; wer unsicher war in seiner Antwort, sollte noch ein Fragezeichen dazu machen.. Das Ergebnis war für uns ein Zeichen wunderbarer Führung: Es gab 14 x »+«, davon waren 4 »+?« und 6 x »o« und 4 leere Zettel. (Es gab noch 2 unklare Antworten, die nicht bewertet wurden). Damit war durch eine deutliche Führung unseres Gottes klar, es soll gebaut werden. Ich bin überzeugt, dass wir diesen Weg, direkt den Rat Gottes zu suchen, in dieser Endzeit immer mehr beschreiten werden.

Darauf deutet Joel 3,1 (dies ist in manchen Übersetzungen Joel 2, 28.29). E.G. White sagt dazu: »Wir müssen Gott zu jedem einzelnen von uns sprechen hören, und wenn jede andere Stimme schweigt und wir ruhig auf ihn harren, wird durch das Stillesein die Stimme Gottes uns vernehmbar werden. Er sagt: ›Seid stille und erkennet, dass ich Gott bin!‹« [125]

---

123 www.gotterfahren.info - Wege zum Ziel - Gottes Botschaft für unsere Zeit - Thema Nr. 11: Wie kann ich richtige Entscheidungen treffen. Audioansprache von Kurt Hasel.

124 Missionsbrief.de – Predigten lesen – Henry Drummond: Wie erkenne ich den Willen Gottes? (Deutsch und Englisch)

125 E.G. White, *Das Leben Jesu* (gebundene Ausgabe, Hamburg 1973), S. 356 / *The Desire of Ages*, S. 363

GELD

Welche Unterschiede gibt es bei geistlichen und fleischlichen Christen bezüglich des Erwerbs von Dingen und des Umgangs mit Geld? Sehen wir uns als Eigentümer unserer Mittel oder als Haushalter Gottes? »Die Liebe zum Geld und zu einer aufwendigen Lebensweise haben diese Welt zu einer Mördergrube und Räuberhöhle gemacht. Die Heilige Schrift schildert die Habgier und Unterdrückung, die unmittelbar vor dem zweiten Kommen Christi herrschen werden.« [126]

GOTTES SCHUTZ FÜR UNSEREN LEBENSWEG

Engel Gottes beschützen die Gottesfürchtigen. »*Der Engel des Herrn lagert sich um die her, die ihn fürchten, und hilft ihnen heraus.*« (Ps. 34,8) »Jeder Nachfolger Christi hat seinen Schutzengel. Diese himmlischen Wächter behüten die Gerechten vor der Macht des Bösen.«[127] Wenn hier davon gesprochen wird, dass Gottesfürchtige, Nachfolger Christi und Gerechte unter dem Schutz Gottes stehen, ist die Frage, ob das alle betrifft, die sich als Christen sehen? Gilt es auch für diejenigen, die ihr Leben Jesus nicht ganz übergeben haben? Für Kinder gilt es, denn das wird von Jesus in Mt. 18,10 gesagt: »*Sehet zu, dass ihr nicht jemand von diesen Kleinen verachtet. Denn ich sage euch: Ihre Engel im Himmel sehen allezeit das Angesicht meines Vaters im Himmel.*« David, der sein Leben Gott ganz anvertraut hatte, wusste, dass er keinen Grund zu Angst und Furcht hat. Er sagt in Ps. 27,1: »*Der Herr ist mein Licht und ist mein Heil: vor wem sollt' ich mich fürchten?*« (Hfa: »*Darum habe ich keine Angst.*« Menge: »*Der Herr ist meines Lebens Schutzwehr: vor wem sollte mir bangen?*«)

SCHLUSSBEMERKUNG

Wir haben nur einige Bereiche angeschnitten. Es gibt noch viele Gebiete des Lebens und Glaubens, die wir anfügen könnten. Für sie alle gilt:

126 E.G. White, *Propheten und Könige* (Hamburg, 1975), S. 457 / *Prophets and Kings*, S. 650, 651
127 E.G. White, *Vom Schatten zum Licht* (Zürich/Wien 2012), S. 467 / *The Great Controversy*, S. 345

Wenn wir nun die Unterschiede überblicken, dann gibt es nicht einen einzigen Bereich, der nicht durch das Leben im Heiligen Geist bedeutende Vorteile hat. Und umgekehrt gibt es keinen einzigen Bereich, in dem wir ohne Leben im Heiligen Geist nicht große Nachteile haben. Sollte dies nicht für jeden von uns ein großer Ansporn sein, sich jeden Tag Gott zu weihen und um die Erfüllung mit dem Heiligen Geist zu bitten?

»Vor einigen Jahren startete eine Boeing 707 vom Flughafen Tokio mit Ziel London. Sie hatte einen guten Start. Es war ein klarer, sonniger Tag. Bald konnten die Fluggäste den Fudschijama, den berühmten Berg Japans, sehen. Da kam dem Piloten spontan der Gedanke den Berg zu umfliegen, damit seine Fluggäste in den Genuss dieses seltenen Anblicks kommen.

Er verließ den festgelegten Kurs und ging über auf Sichtflug. Beim Sichtflugverfahren entzieht sich der Flugkapitän den Sicherungen der Bodenkontrollstellen und verlässt sich auf das, was er sieht. Der Pilot sah den Berg dicht unter sich. Seine Höhenmesser zeigten 4.000 Meter an. Was er nicht sah, das waren die Fallwinde und Böen, die um den Fudschijama tobten. Ihnen war die Boeing 707 nicht gewachsen. Sie zerbrach in der Luft und stürzte ab. Sämtliche Insassen fanden den Tod.«[128]

Der fleischliche Christ lebt im »Sichtflugverfahren«. Er bestimmt selbst. Trotz bester Absicht wird er scheitern. Der geistliche Christ lebt, geleitet durch den Heiligen Geist, in einem Liebes- und Vertrauensverhältnis zu seinem Herrn, der ihn zum sicheren Ziel führt.

Gebet: Vater im Himmel, habe herzlichen Dank, dass das Innewohnen Jesu in mir durch den Heiligen Geist einen so großen positiven Unterschied für mich und meinen Dienst bewirkt. Bitte öffne meine Augen noch viel stärker für den Dienst des Heiligen Geistes. Bitte schenke mir durch ihn dieses Leben in Fülle, das Jesus uns geben will. Bitte hilf mir in dem nächsten Kapitel den Schlüssel zur Lösung dieses Problems zu erkennen und dies in die Praxis umzusetzen. Herzlichen Dank! Amen.

---

128 Kalenderzettel von Reinhard Petrik, 17.2.1979

KAPITEL 5

DER SCHLÜSSEL ZUR PRAXIS

Wie kann ich Gottes Lösung für mich praktisch umsetzen und erleben? Wie kann ich so beten, dass ich nach dem Gebet gewiss bin, vom Heiligen Geist erfüllt zu sein?

GEBET UND DIE ERFÜLLUNG MIT DEM HEILIGEN GEIST

Wichtig ist, dass wir im Glauben diesen Weg gehen, dass wir im Glauben um den Heiligen Geist bitten. Es geht darum, nach der Bitte um den Heiligen Geist darauf zu vertrauen und gewiss zu sein, dass der Herr das Gebet erhört hat und bereits während meiner Bitte den Heiligen Geist gegeben hat.

Gal. 3,14 (Luther) sagt: » ... *dass wir den verheißenen Geist empfangen durch den Glauben.*« Eine andere Übersetzung (GNB) sagt: «... *damit wir alle durch vertrauenden Glaube*n *den Geist erhalten, den Gott versprochen hat.*«

Damit wir unserem himmlischen Vater leicht vertrauen können, hat er uns eine wichtige Hilfe gegeben. Wir nennen es **»Beten mit Verheißungen«** .

BETEN MIT VERHEISSUNGEN

Zunächst ein Beispiel: Angenommen, mein Kind ist in der Schule nicht gut in Englisch, und ich will mein Kind nun anspornen, fleißig Englisch zu lernen. Ich verspreche ihm: Wenn du im Zeugnis eine gute Note hast, bekommst du von mir 10 Euro. Das Kind lernt nun fleißig. Ich helfe ihm auch dabei, und tatsächlich, es bekommt eine gute Note. Was geschieht? Wenn das Kind von der Schule nach Hause kommt und an der Haustür ist, ruft es schon laut: »Papa, 10 Euro!« Wieso ist das Kind so sicher, 10 Euro zu bekommen? Weil sie ihm versprochen worden sind und es die Bedingung erfüllt hat. Das ist selbst unter Menschen ganz normal.

Es könnte aber auch passieren, dass ich im Augenblick gar keine 10 Euro habe. Kann es das bei Gott geben, dass er etwas nicht hat, was er versprochen hat? Unmöglich!

Weiter könnte es passieren, dass ich mein Versprechen zurücknehme und sage: Ich habe in einem Pädagogikbuch gelesen, dass man Kinder nicht mit Geld zum Lernen anspornen soll. Daher kann ich Dir keine 10 Euro geben. Gibt es das, dass Gott seine Meinung nachträglich ändert? Unmöglich!

Wir sehen also: Wenn wir ein Versprechen von Gott bekommen und die Bedingung erfüllt haben, dann gibt es nur eine Möglichkeit, nämlich die, dass wir das Versprochene bekommen.

Die Versprechen Gottes nennen wir Verheißungen. Gott beabsichtigt dadurch, auch uns in eine bestimmte Richtung anzuspornen, z. B. zum Empfang des Heiligen Geistes, und das bedeutet, zu einem Leben in der Kraft Gottes. Und er will es uns leicht machen ihm zu vertrauen. Vertrauen ist der Kern des Glaubens.

Eine Schlüsselstelle in der Bibel zum Beten mit Verheißungen findet sich in 1. Joh. 5,14.15 (Luther):

> »Und das ist die Zuversicht, die wir haben zu ihm, dass, **wenn wir etwas bitten nach seinem Willen, so hört er uns.**«

Der Herr gibt uns hier eine Generalzusage, dass er Gebete nach seinem Willen erhört. Der Wille Gottes kommt in Geboten und Verheißungen zum Ausdruck. Auf sie dürfen wir uns in unseren Gebeten berufen. Denen, die nach dem Willen Gottes beten, sagt der Vers 15 nach der Menge-Übersetzung:

> »Und wenn wir wissen, dass er alle unsere Bitten [nach seinem Willen] erhört, so wissen wir (zugleich), **dass die Bitten, die wir vor ihn gebracht haben, uns schon gewährt sind.**«

Eine andere Übersetzung (Kürzinger) sagt:

»*Dann **wissen** wir auch, dass wir **das von ihm Erbetene bereits besitzen**.*«

Was heißt das? Unsere Gebete nach dem Willen Gottes werden **in demselben Augenblick erhört, in dem wir sie vor Gott bringen**. Aber gefühlsmäßig merken wir davon meistens nichts. Wir werden durch **Glauben** erhört, nicht durch Gefühle. Die Gefühle können sich später einstellen.

Ich habe durch das Beten mit Tabak- und Alkoholgebundenen gelernt: In dem Augenblick, in dem sie um die Befreiung beteten, merkten sie nichts, obwohl sie in diesem Moment tatsächlich frei wurden. Die Erhörung war im Glauben. Aber einige Stunden später merkten sie, dass sie keinerlei Verlangen mehr nach Tabak oder Alkohol hatten. In diesem Augenblick haben sie die Erhörung **praktisch** besessen.

Jesus sagt in Markus 11,24 (Menge): »*Darum, bei allem, was ihr im Gebet erbittet, glaubt nur, dass ihr es (tatsächlich) **empfangen habt**, so wird es euch zuteil werden.*«

E.G. White sagt: »Wir brauchen nicht nach äußeren Segensbeweisen zu suchen. Die Gabe liegt bereits in der Verheißung; wir dürfen also in der Gewissheit an unser Werk gehen, dass Gott fähig ist zu tun, was er versprochen hat, und **dass die Gabe, die wir schon besitzen, dann wirksam wird, wenn es am dringendsten nottut**.«[129]

Es geht also darum, nicht nach äußeren Beweisen zu suchen. Hier ist sicher das Suchen nach Gefühlserlebnissen gemeint. Roger J. Morneau sagt: »Die [dämonischen] Geister ermutigen die Menschen, auf ihre Gefühle statt auf das Wort Christi und seiner Propheten zu hören. Es gibt keinen sichereren Weg, auf dem die Geister die Herrschaft über das Leben der Menschen erhalten, ohne dass der Einzelne merkt, was geschieht.«[130]

Das Beten mit Verheißungen öffnet uns die Schatzkammer Gottes. Unser liebender himmlischer Vater eröffnet uns dadurch ein unerschöpfliches Konto. »Sie [die Jünger] dürfen große Dinge erwarten, wenn sie seinen Verheißungen glauben«.[131]

---

129 E.G. White, *Education* (www.egwwritings.org), S. 258.2
130 Roger J. Morneau, *Eine Reise in die Welt des Übernatürlichen* (Zürich), S. 38
131 E.G. White, *Das Leben Jesu*, (Hamburg, 1973) , S. 665 / *The Desire of Ages*, S. 667, 668

ZWEI GRUPPEN VON VERHEISSUNGEN

Dabei ist es wichtig noch einen feinen Unterschied bei den Verheißungen der Bibel zu beachten: »**Die geistlichen Verheißungen** – von der Vergebung der Sünden, der Gerechtigkeit Christi, der Gabe des Heiligen Geistes und seinem Wirken zu unserer Veränderung, und seiner Kraft, für Gottes Werk zu arbeiten – **gelten immer und für alle, die glauben** (Apg. 2,38.39). Aber die Verheißungen für zeitliche Segnungen und die Bewahrung im irdischen Leben treffen manchmal ein und manchmal auch nicht – je nachdem, wie Gott die Situation beurteilt und was für uns und Gottes Werk auf lange Sicht besser ist.«[132]

Beispiel: Jes. 43,2 (Hfa) »*Musst du durchs Feuer gehen, so bleibst du unversehrt; keine Flamme wird dir etwas anhaben können.*« Dies hat unser Gott in wunderbarer Weise bei den drei Männern im Feuerofen erhört (Dan 3). Die Reformatoren Hus und Hieronymus dagegen wurden in Konstanz verbrannt. Deshalb meinen wir, dass sie nicht erhört wurden. Aber wurden sie nicht trotzdem erhört auf eine Art und Weise, die wir nicht kennen? Inwiefern? Ein päpstlicher Schriftsteller, der den Tod dieser Märtyrer beschreibt, sagt: »Beide ertrugen den gewaltsamen Tod mit standhaftem Gemüt und bereiteten sich auf das Feuer vor, als ob sie zu einem Hochzeitsfest geladen wären. Sie gaben keinen Schmerzenslaut von sich. Als die Flammen emporschlugen, fingen sie an, Loblieder zu singen, und kaum vermochte die Heftigkeit des Feuers ihrem Gesang Einhalt zu tun.«[133] Wenn man brennt, kann man eigentlich nur schreien. Das Verhalten dieser Männer zeigt, dass Gott dennoch eingegriffen hat, nur nicht auf die Art und Weise, die für uns vordergründig erkennbar ist. Das zeigt mir, dass die zeitlichen Verheißungen für uns dennoch große Bedeutung haben.

DANKEN FÜR DIE ERFOLGTE ERHÖRUNG

Es gibt noch einen weiteren wichtigen Gesichtspunkt: Wenn uns unsere Bitten schon in dem Augenblick gewährt sind, in dem wir sie vorbrin-

---

132 Morris Venden, *95 Thesen* (Lüneburg, 2009), S. 50 / *95 Theses on Righteousness by Faith* (PPPA, 2003)

133 E.G. White, *Der große Kampf*, (Hamburg, 1958), S. 108, zitiert aus Neander, »Kirchengeschichte«, 6.Per., 2. Abschnitt, 2. Teil, §69; Hefele »Konziliengeschichte« Bd. VI, 209 / *The Great Controversy*, S. 109.2, 109.3 (egwwritings.org)

gen, dann ist es richtig, im nächsten Augenblick Gott für die Erhörung zu danken. **Unser Danken bringt in diesem Augenblick unser Vertrauen zu Gott zum Ausdruck**, dass er unser Gebet erhört hat und dass wir erwarten, dass uns dies im praktischen Sinne zuteil wird, wenn dafür die Zeit gekommen ist. Es gibt Glaubende, die sofort nach dem Gebet etwas bemerken. Aber bei vielen ist es wie bei Elia: Der Herr war nicht im Sturm, nicht im Erdbeben und nicht im Feuer, sondern im stillen, sanften Sausen (1. Kön. 19,11.12). So war es auch bei mir.

Ich meinte nach längerer Zeit, es sei nichts geschehen. Dann merkte ich plötzlich, dass viel in mir geschehen war, ohne dass ich es bemerkt hatte.

MEIN DENKEN UMSTELLEN

Das bedeutet: **Es ist nötig, in diesem Augenblick mein Denken umzustellen:** »*Verändert euch durch Erneuerung eures Sinnes.*« (Röm. 12,2)

Es ist richtig, jetzt zu sagen: Danke, dass Du mich erhört hast. Danke, dass Du meine Bitte schon gewährt hast. Danke, dass ich es zur rechten Zeit erlebe.

Das ist keine Selbstsuggestion. Bei einer Suggestion rede ich mir etwas ein. Wenn ich mit einer Verheißung gebetet habe, dann habe ich eine göttliche Grundlage für dieses Umdenken, denn im Glauben wurde ich ja bereits erhört. Wenn ich in diesem Fall mein Denken nicht umstelle, dann zeigt das, dass ich Gott nicht vertraue, sondern mich an meinen Gefühlen orientiere. Durch diese Haltung mache ich Gott zu einem Lügner und werde daher nichts empfangen.

Wichtig ist auch, dass ich entsprechend handle, selbst wenn ich nichts merke. Gott baut immer eine Notwendigkeit zum Glauben ein. Er wünscht, dass wir ihm vertrauen. Denken wir an den Durchzug durch den Jordan. Erst mussten die Füße der Priester ins Wasser, dann teilte sich der Jordan. Naaman musste sich sieben Mal untertauchen, bevor er geheilt war.

Vielleicht sagst du: »Das kann ich nicht. Ich kann mir das nicht vorstellen.« Bitte denke daran, dass wir uns vieles nicht erklären können. Wir wissen bis heute nicht, was Elektrizität ist, obwohl wir sie alle benutzen. Wir wissen bis heute nicht, wie Kinder sprechen lernen. Aber alle lernen es. »In der natürlichen Welt sind wir ständig von Wundern umgeben, die über unsere Fassungskraft hinausgehen. Sollte es uns dann überraschen, auch im geistlichen Bereich auf unergründliche Geheimnisse zu stoßen.«[134]

Wir sollten an Sprüche 3,5.6 denken: »*Verlass dich auf den Herrn von ganzem Herzen, und verlass dich nicht auf deinen Verstand, sondern gedenke an ihn in allen deinen Wegen, so wird er dich recht führen*« Hier finden wir klare Bedingungen Gottes hinsichtlich der Verheißung, von Gott recht geführt zu werden. Jede Bedingung ist auch ein Gebot. Wenn wir nun nicht sicher sind, dass wir der Bedingung entsprechen, dann dürfen wir um diese Bereitwilligkeit beten in der Gewissheit, dass der Herr es sofort erhört. »Wenn du aber ›willig bist, willig gemacht zu werden‹, wird Gott dieses Werk für dich tun.«[135]

Noch eine kleine Hilfe: Wissen wir, was wir tun, wenn wir mit einem Versprechen Gottes gebetet haben, die Bedingung erfüllt haben und an der Erhörung zweifeln? Wir machen dann Gott eigentlich zu einem Lügner. Das wollen wir unter keinen Umständen. Bete in diesem Fall: Herr, ich glaube, hilf meinem Unglauben. Dann vertraue!

Sehr wertvolle Hinweise über »Beten mit Verheißungen« enthält das Kapitel »Glaube und Gebet« im Buch »Erziehung« von E.G. White.

BETEN UM DEN HEILIGEN GEIST

Ich denke, dass wir nun die besten Voraussetzungen für das Beten um die Erfüllung mit dem Heiligen Geist haben. Dabei sollten wir nicht vergessen: Es geht nicht darum, Gott willig zu machen, unseren Willen zu tun, sondern es geht darum, dass wir an seine Zusagen und seine Vertrauenswürdigkeit glauben.

Verheißungen zum Empfang des Heiligen Geistes

Der Herr hat uns wunderbare Verheißungen für den Empfang des Heiligen Geistes gegeben:

Lukas 11,13: »*So denn ihr, die ihr arg seid, könnt euren Kindern gute Gaben geben, **wie viel mehr wird der Vater im Himmel den heiligen Geist geben denen**, die ihn bitten.*«

---

134 E.G. White, *Erziehung* (Hamburg, 1954), S. 157 / *Education*, S. 170.1 (egwwritings.org)
135 E.G. White, *Thoughts from the Mount of Blessing*, S. 142.1 (egwwritings.org)

Hat sich unser himmlischer Vater hier nicht verbindlich festgelegt? Die Bedingung in dieser wunderbaren Verheißung ist: **Bitten!** Jesus meint dabei nicht einmal bitten, sondern im beständigen Bitten bleiben.

Allerdings ist auch hier wichtig, den Zusammenhang zu sehen. Wir sollten auch die anderen Texte lesen, die über dasselbe Anliegen sprechen, z.B. in

Apg. 5,32: »*Und wir sind Zeugen dieser Geschichten und der heilige Geist, welchen Gott gegeben hat denen, die ihm gehorchen.*«

Die Bedingung ist: **Gehorchen!** Hier sehen wir, dass wir uns nicht nur auf einen Text allein stützen dürfen: wir müssen auch das Umfeld der Verheißung beachten. Dabei geht es nicht darum, gerade einmal in einer Sache zu gehorchen, die uns angenehm sein mag. Vielmehr geht es darum, **Ihm** zu gehorchen: unserem wunderbaren Erlöser und Freund. Gehorsam macht Freude. Bete jeden Morgen um ein gehorsames Herz. Bete, dass der Herr dich willig macht für alles, was er will und dir beisteht im Wollen und Vollbringen. Das schafft eine gute Voraussetzung.

Joh. 7,37: »*Wen da dürstet, der komme zu mir und trinke!*«

Hier geht es um das **Verlangen** nach dem Heiligen Geist. Wenn du kein Verlangen hast oder meinst, es ist zu wenig, dann darfst du um Verlangen beten. Es ist eine Bitte nach dem Willen Gottes, die sofort erhört wird. Unser wunderbarer Gott schafft in uns auf unsere Bitten hin sogar das »Wollen und Vollbringen«. Wir dürfen auch um Verlangen beten, eine innige Gemeinschaft mit Gott zu suchen, ihn von ganzem Herzen zu lieben, ihm mit Freude zu dienen, eine wachsende Sehnsucht nach Jesus zu bekommen und auf seine Wiederkunft und Vereinigung im Reich Gottes zu warten, um das Verlangen, im Wort Gottes zu lesen und wichtige Erkenntnisse zu finden, sowie das Verlangen, Mitgefühl und Befähigung zu bekommen, die Verlorenen zu retten.

Joh. 7, 38.39: »*Wer an mich glaubt, wie die Schrift sagt, von des Leibe werden Ströme lebendigen Wassers fließen. Das sagte er aber von dem Geist, welchen empfangen sollten, die an ihn glaubten.*«

Hier ist die Bedingung: **Glauben**! Wir sehen, dass unser Glaube in Jesus Christus, also unser Gottvertrauen, eine wichtige Voraussetzung für den Empfang des Heiligen Geistes ist. Aber wenn wir mit Verheißungen beten, dann ist das Glauben leicht.

Gal. 5,16: *»Ich sage aber: wandelt im Geist, so werdet ihr die Lüste des Fleisches nicht vollbringen.«*

Wir haben hier sogar eine **Verheißung**, die in einem Befehl ausgedrückt ist. Wenn der Herr will, dass ich im Geist wandle, dann bedeutet das doch eindeutig, dass er mich mit dem Heiligen Geist erfüllen will. Und er zeigt uns hier, dass wir erfüllt vom Heiligen Geist nicht mehr unseren Lüsten ausgeliefert sind. Der Heilige Geist in uns bricht die Kraft der Sünde (Röm. 8, 1-17, besonders V. 2). Durch den Heiligen Geist wird unser *»Fleisch getötet«* (Röm. 8,13). Aber denken wir an Paulus, der von sich sagt: *»Ich sterbe täglich.«* Das deutet auch auf die Wichtigkeit der täglichen Verbundenheit mit Christus durch den Heiligen Geist hin. Es ist etwas ungeheuer Wertvolles, nicht den Werken des Fleisches ausgeliefert zu sein (Gal. 5,18-21), sondern zu wachsen in der Frucht des Geistes (Gal. 5,22).

Wir können uns das Nichteindringen der Sünde so ähnlich vorstellen wie die Montage von Ferngläsern. Damit kein Staub in die Linsen kommt, ist in dem entsprechenden Raum Überdruck. Das bedeutet, die Luft geht nach außen, wenn die Tür geöffnet wird. Es kann kein Staub hinein. Daher werden wir, erfüllt vom Heiligen Geist, *»die Lüste des Fleisches nicht vollbringen«*. (Ergänzende Ausführungen finden sich im Abschnitt: »Kann man immer geistlich bleiben?« am Ende dieses Kapitels.)

Eph. 3,16.17.19: *»Dass er euch Kraft gebe nach dem Reichtum seiner Herrlichkeit, stark zu werden durch seinen Geist an dem inwendigen Menschen, dass Christus wohne durch den Glauben in euren Herzen und ihr in der Liebe eingewurzelt und gegründet werdet. ... damit ihr erfüllt werdet mit aller Gottesfülle.«*

Vielleicht merken wir längere Zeit nichts von der Kraft. Es mag so sein wie in der Natur. Im Winter sind die Bäume kahl, im Frühjahr grün. Bei dieser Belebung sind ungeheure Kräfte am Wirken. Aber wir können sie nicht sehen und hören. Aber dann sehen wir das Ergebnis. So war es bei mir. Ich danke, dass der Herr mir reichlich Kraft schenkt.

Ein anderes Beispiel: Wir wissen seit einigen Jahrzehnten, dass wir in unserem Körper elektrische Ströme haben. Sie sind da. Aber wir merken nichts davon.

Eph. 5,18: »*Werdet voll Geistes*« *oder* »*Lasst euch beständig und immer wieder neu mit Geist erfüllen*«.[136] *(Eingehende Erklärungen zu diesem Text, siehe Seite 74/75)*

Apg. 1,8: »*Ihr werdet aber die Kraft des Heiligen Geistes empfangen ... und werdet meine Zeugen sein.*«

Die Jünger hatten den Auftrag zu warten, bis die Kraft kommt. Sie warteten nicht untätig. »Ernsthaft beteten sie um die Befähigung, Menschen begegnen und ihnen im täglichen Umgang Worte sagen zu können, durch die Sünder zu Christus geführt würden. Alle Meinungsverschiedenheiten und alles Streben nach Macht gaben sie auf.«[137] Auch wir dürfen mit dieser Verheißung darum bitten.

KEIN POSITIVES ERGEBNIS ... ?

»Ein junger Mann suchte Seelsorge, da er mit dem Heiligen Geist erfüllt werden wollte. Er tat sich schwer. Der Prediger fragte ihn: ›Ist Ihr Wille völlig Gott hingegeben?‹ ›Ich glaube, nicht ganz.‹ ›Nun‹, sagte der Prediger, ›dann wird es nicht nützen zu beten [um die Erfüllung mit dem Heiligen Geist], bis Ihr Wille Gott völlig übergeben ist. Wollen Sie ihn nicht jetzt dem Herrn übergeben?‹ ›Ich kann nicht‹, erwiderte er. ›Sind Sie bereit, dass Gott es für Sie tut?‹ ›Ja‹, antwortete er. ›Dann bitten Sie ihn darum.‹ Er betete: ›O Gott, entleere mich von meinem Eigenwillen. Bring mich zur vollen Hingabe an deinen Willen. Lege meinen Willen hin für mich. Ich bitte im Namen Jesu.‹ Dann fragte der Prediger: ›Ist es geschehen?‹ ›Es muss wohl‹, sagte er. ›Ich habe Gott um etwas nach seinem Willen gebeten, und ich weiß, dass er mich erhört hat und dass ich habe, worum ich gebeten habe (1 Joh 5,14.15). Ja, es ist geschehen, mein Wille liegt da.‹ Dann sagte der Prediger: ›Bitten Sie ihn nun um die Taufe

---

136 Werner E. Lange (Hrg.), *Unser größtes Bedürfnis* (Lüneburg, 2011), S. 42
137 Nach *Das Wirken der Apostel*, (Gebundene Ausgabe, Hamburg 1976), S. 38 / *The Acts of the Apostles*, S. 36.37

mit dem Heiligen Geist [Erfüllung mit dem Heiligen Geist].‹ Er betete: ›O Gott, taufe mich doch gerade jetzt mit dem Heiligen Geist. Ich bitte im Namen Jesu.‹ Und es geschah augenblicklich, als er seinen Willen dem Herrn hingelegt hatte.«[138]

DER GROSSE UNTERSCHIED VORHER UND NACHHER

Obwohl ich das Beten mit Verheißungen schon lange kannte und bei besonderen Anliegen auch praktizierte und wertvolle Erhörungen erlebte, dachte ich viele Jahre, dass es auch gut sei, wenn ich in meinem Gebet ganz einfach so die Bitte um den Heiligen Geist ausspreche, ohne mich auf die Verheißungen zu berufen. Ich weiß, dass viele auch diese Auffassung haben. Ich möchte nicht sagen, dass ich das als verkehrt ansehe. Aber wenn ich meine persönliche Erfahrung ansehe, dann kann ich nur bedauern, dass ich so und nicht mit Verheißungen gebetet habe. Seit einigen Jahren bete ich aber täglich bewusst mit Verheißungen um den Heiligen Geist, damit ich nach meiner Bitte auch die Gewissheit habe, dass der Geist Gottes mich jetzt erfüllt. Am 28. Oktober 2011 ging mir durch ein Erlebnis plötzlich der große Unterschied auf, der in meinem Leben vorhanden war: vorher und nachher.

Seit ich mit Verheißungen bete, ist meine Beziehung zu Gott inniger geworden, und Jesus ist mir näher und größer geworden. Das ist nicht nur ein subjektives Gefühl; ich kann es an folgenden Dingen festmachen:

- ▶ Beim Bibellesen kommen mir oft neue und ermutigende Einsichten.
- ▶ Im Kampf mit Versuchungen kann ich siegreich bleiben.
- ▶ Die Gebetszeit ist mir kostbarer geworden und macht mir große Freude.
- ▶ Gott beschenkt mich mit vielen Gebetserhörungen.
- ▶ Ich habe noch größere Freude und mehr »Freimut« (Apg 4,31c), anderen von Jesus zu erzählen.
- ▶ Ich bin auch zu meiner eigenen Freude kontaktfreudiger geworden.
- ▶ Ich lebe durch Gottes Gnade fröhlich und fühle mich in seiner Hand geborgen.
- ▶ In einer schwierigen Phase hat mich der Herr wunderbar getragen und innerlich stark gemacht.

---

138 Reuben A. Torrey, *Der Heilige Geist – Sein Wesen und Wirken* (Frankfurt, 1966), S. 150 / *The Holy Spirit: Who He Is and What He Does*, (New Jersey, 1975)

- Ich habe erkannt, welche geistlichen Gaben mir Gott geschenkt hat.
- Kritisieren hat aufgehört. Wenn ich höre, wie andere kritisieren, wird mir unbehaglich.

Die Veränderung ging ganz still vor sich. Ich bemerkte es erst, nachdem ich einige Zeit täglich um den Heiligen Geist gebetet und mich dabei auf biblische Verheißungen berufen hatte. Seitdem erlebe ich eine andere Art von Christsein. Vorher war mein Leben mit Gott teilweise mühsam und anstrengend; nun erfahre ich Freude und Kraft.

Es tut mir leid um die Verluste, die in meinem eigenen Leben und Dienst durch den Mangel an Heiligem Geist eingetreten sind. Als mir das aufging, habe ich unseren Herrn sehr um Vergebung gebeten.

Es bewahrheitet sich leider auch in diesem Bereich, dass wir niemand weiter führen können als wir selbst sind. Wir wollen außerdem bedenken, dass sich die persönlichen Mängel der Einzelnen in der Familie und Gemeinde summieren oder vervielfachen.

Damit andere nicht dieselben Versäumnisse in ihrem Leben beklagen müssen, möchte ich noch einige Gedanken anfügen.

In 2. Petr. 1,3.4 wird uns gezeigt, dass wir in der innigen Lebensgemeinschaft mit Jesus »durch ... *die teuren und allergrößten Verheißungen ... teilhaftig werden der göttlichen Natur*«.

Das bedeutet dann auch, dass der Heilige Geist mir durch die Verheißungen zuteil wird. Man kann die Verheißungen mit Bankschecks vergleichen. Wenn wir einen vom Kontoinhaber unterschriebenen Scheck vorlegen, können wir von einem fremden Konto abheben. Als Kinder Gottes (Joh 1,12) dürfen wir mit den von Jesus unterschriebenen Schecks, den Verheißungen, täglich abheben. Es nützt nichts, wenn wir eigene Schecks vorlegen, selbst wenn wir sie von einem Künstler gestalten lassen würden. Wir brauchen den vom Kontoinhaber unterschriebenen Scheck.

Es kann noch einen weiteren Grund geben, der es uns nahelegt, mit Verheißungen zu beten. Die Kraft liegt im Wort Gottes. Warum hat Jesus sich bei der Versuchung in der Wüste mit Bibelworten verteidigt und Satan in die Flucht geschlagen (Mt. 4,4.7.10)? Er sagte: »*Der Mensch lebt von einem jeglichen Wort, das durch den Mund Gottes geht.*«

Jesus, der Schöpfer, wusste, dass die Kraft in Gottes Wort liegt. »In einem jeden Gebot und in einer jeden Verheißung des Wortes Gottes liegt die Kraft, das Leben Gottes selbst, durch welche das Gebot erfüllt und die

Verheißung verwirklicht werden kann.«[139] Das ist doch eine wunderbare Aussage! Die Macht Gottes und sein Leben sind in jeder Verheißung enthalten. Beim Beten mit Verheißungen verwenden wir das Wort Gottes in unserem Gebet. Von ihm heißt es: »... das Wort, das aus meinem Munde geht ...: Es wird nicht wieder leer zu mir zurückkommen ... .« (Jesaja 55,11)

Ich habe vor, nur noch mit Verheißungen um den Heiligen Geist zu beten. Beim Beten mit Verheißungen weiß ich nach meiner Bitte, dass ich den Heiligen Geist aufgrund der Zusage im Wort Gottes in 1. Joh. 5,15 empfangen habe: »*Dann **wissen** wir auch, dass wir **schon im Besitz des Erbetenen sind**, um das wir ihn gebeten haben.*« (Kürzinger) Wenn ich ohne Verheißungen bete, **hoffe** ich, dass ich erhört worden bin. Es ist besser, sich für ein solches Gebet Zeit zu nehmen und einen gesegneten Tag zu haben als am Abend Versäumnisse zu beklagen.

Ich erhielt eine E-Mail, die mit großer Freude geschrieben war: »Ich hätte es nie für möglich gehalten, dass es so einen Unterschied macht, ob man ›mit eigenen Formulierungen‹ oder mit Verheißungen aus der Bibel um Gottes Führung für den Tag betet! Verheißungen waren mir vorher auch schon sehr wichtig. Ich habe genauso auf sei vertraut wie jetzt, aber ich hatte versäumt, sie täglich in Anspruch zu nehmen. Mein Leben mit Jesus hat eine tiefere, freudigere, zuversichtlichere und gelassenere Dimension bekommen. Dank sei Gott dafür.«[140]

Aus diesem Grund habe ich mich entschlossen, als Beispiel ein Gebet um den Heiligen Geist mit Verheißungen aufzuschreiben. Man kann es selbstverständlich kürzen. Es ist sehr wertvoll, wenn wir es lernen, selbständig direkt mit dem Wort Gottes zu beten. Aber das Entscheidende ist, dass unser Glaube durch die Verheißungen so gestärkt wird, dass wir nach der Bitte auch die Gewissheit haben, den Heiligen Geist empfangen zu haben. Wir empfangen den Heiligen Geist, wenn wir glauben, was wir beten.

---

139   E-Mail an H. Haubeil: C.S.

140   E.G. White, *Christ's Object Lessons* (www.egwwritings.org), S. 38

BEISPIEL-GEBET MIT VERHEISSUNGEN UM TÄGLICHE NEUE ERFÜLLUNG MIT DEM HEILIGEN GEIST

Vater im Himmel, ich komme im Namen Jesu, unseres Heilands, vor dich. Du sagst: **»Gib mir ... dein Herz.«** *(Spr. 23,26) Das will ich hiermit tun, indem ich mich dir heute erneut übergebe (weihe), und zwar mit allem, was ich bin und habe. Danke, dass du dieses Gebet nach deinem Willen bereits erhört hast, denn dein Wort sagt, dass wir, wenn wir nach deinem Willen beten, wissen, dass wir das Erbetene bereits besitzen (1. Joh. 5,15 Kürzinger, Menge, u. a. Übersetzungen). Und du sagst ja außerdem, dass du niemanden hinausstoßen wirst, der zu dir kommt (Joh. 6,37).*

Jesus sagte: »Wenn nun ihr, die ihr doch böse seid, euren Kindern gute Gaben zu geben versteht: wie viel mehr wird der Vater vom Himmel her den Heiligen Geist denen geben, die ihn darum **bitten**« *(Luk. 11,13).*

Du sagst weiter, dass du den Heiligen Geist denen gibst, die dir **glauben** *(Joh. 7,38.39), die dir* **gehorchen** *(Apg. 5,32) und die sich immer neu erfüllen lassen (Eph. 5,18) und die* **im Geist wandeln** *(Gal. 5,16). Das ist auch mein Wunsch. Bitte erfülle dies alles in mir. Aus diesem Grund bitte ich dich herzlich, Vater, dass du mir jetzt den Heiligen Geist für heute schenkst. Da es eine Bitte nach deinem Willen ist, danke ich dir, dass du mir jetzt den Heiligen Geist geschenkt hast. (1. Joh. 5,15) Habe Dank, dass ich auch gleichzeitig deine Gottesliebe empfangen habe, denn dein Wort sagt:* **»Die Liebe Gottes ist ausgegossen in unser Herz durch den Heiligen Geist.«** *(Röm. 5,5; Eph. 3,17) So will ich mit dem Psalmisten sagen:* **»Herzlich lieb habe ich dich, Herr, meine Stärke!«** *(Psalm 18,2) Danke, dass ich dadurch auch meine Mitmenschen mit deiner Liebe lieben kann.*

Danke, dass durch den Heiligen Geist die Kraft der Sünde in mir gebrochen wurde (Röm. 8,13, Gal. 5,16 ff). Bitte rette und bewahre mich heute vor der Sünde, vor der Welt, schenke mir vollen Schutz vor den gefallenen Engeln, bewahre mich vor Versuchungen und reiße mich, wenn nötig, heraus und rette mich von meinem alten verdorbenen Wesen. (1. Joh. 5,18)

Und bitte schenke mir, dass ich in Wort und Wandel dein Zeuge bin (Apg. 1,8) Habe Lob und Dank für die Erhörung meines Gebets. Amen.

Jesus selbst will durch den Heiligen Geist in uns wohnen (1. Joh. 3,24; Joh. 14,23). E.G. White sagt: »Der Einfluss des Heiligen Geistes ist das Leben Christi im Gläubigen.«[141] Die Kraft, die einen Petrus und Paulus und viele andere Menschen verändert hat, steht auch uns zur Verfügung. Er gibt auch uns »*Kraft nach dem Reichtum seiner Herrlichkeit, stark zu werden durch seinen Geist am inwendigen Menschen*« (Eph. 3,16).

Das Erfülltsein vom Heiligen Geist ist der Schlüssel zu einem Glaubensleben in Freude, Kraft, Liebe und Sieg über die Sünde. »*Wo aber der Geist des Herrn ist, da ist Freiheit.*« (2. Kor. 3,17b)

In einer Nachricht, die ich erhielt, stand: »Viele Geschwister beten täglich das vorgeschlagene Gebet zu zweit. Ich selbst bete es seit fünf Monaten mit einer Freundin. Nicht nur im persönlichen Bereich geht es bei **allen** aufwärts, es wird gereinigt in Haus, Beziehung, Ehe, geistlich, Gemeinde: aber nicht so, dass es Riesen-Konflikte gibt, sondern es geschieht auf eine leise, selbstverständliche Art. Wir sind sehr verwundert und sehen darin Gottes Klärungsprozesse, die das Leben auf gewisse Weise leichter machen, da wir Gottes Nähe mehr und mehr verspüren.«[142]

KANN MAN IMMER GEISTLICH BLEIBEN?

Ja! Wenn wir keine Gesinnung des Unglaubens aufkommen lassen und geistlich atmen: »*ausatmen*«, indem wir unsere Sünden bekennen, und »*einatmen*«, indem wir die Liebe und Vergebung Gottes in Anspruch nehmen und uns in einem Glaubensgebet erneut mit dem Heiligen Geist füllen lassen.[143]

Es ist wie in unserem Verhältnis zu unseren Kindern. Wenn ein Kind ungehorsam war, dann bleibt es trotzdem unser Kind. Aber wir empfinden eine Störung in der Beziehung. Das Kind kann uns vielleicht nicht in die Augen schauen. Diese Störung wird behoben durch Bekennen.

Aber man kann selbstverständlich langfristig wieder fleischlich werden. Die Bibel kennt kein »Einmal gerettet, immer gerettet«. Unsere sündige Natur ist nach wie vor vorhanden. »Keiner der Apostel und Propheten hat je behauptet, sündlos zu sein.«[144]

---

141 Francis D. Nichol (Hrg.), *Adventist Bible Commentary*, Vol. 6 (Hagerstown, 1980), S. 1112
142 Email an H.Haubeil: E.S.
143 Helmut Haubeil & Gerhard Padderatz, *Gott, Geld & Glaube* (Eckental, 2009), S. 97
144 E.G. White, *Das Wirken der Apostel* (Hamburg, 1976), S. 558 / *The Acts of the Apostles*, S. 560

Aber durch ein Leben im Heiligen Geist mit Jesus im Herzen ist ihre Kraft gebrochen, so dass wir ein frohes und starkes Leben als Christ führen können. Unsere Gerechtigkeit ist ausschließlich in Jesus Christus *welcher uns gemacht ist von Gott zur Weisheit und zur Gerechtigkeit und zur Heiligung und zur Erlösung.* (1. Kor. 1,30) Dieses wichtige Thema soll in nächster Zeit noch eingehender behandelt werden.

Sollten wir durch eine längere Vernachlässigung des geistlichen Lebens oder durch Unterlassung des geistlichen Atmens wieder fleischlich geworden sein, dann dürfen wir wissen, dass unser barmherziger Erlöser auf uns wartet.

Wichtig ist, dass wir den Weg wissen, wie wir durch Gottes Gnade erneut und hoffentlich für immer ein geistliches Leben führen können. Niemand muss fleischlich bleiben.

Aber bedenken wir – persönlich und auch als Gemeinde von Gläubigen –, was Randy Maxwell sagt: »Denken wir etwa, die Wiederbelebung der Gemeinde Gottes vom geistlichen Beinahe-Tod könnte ohne Anstrengung erfolgen?«[145]

Das Leben in Fülle hier und das ewige Leben, das Heil vieler Menschen und unser Dank für das große Opfer Jesu sind einer Anstrengung wert. Die entscheidende Anstrengung ist es, unserem Herrn morgens in der Andacht zu begegnen. Hier rüstet er uns mit Kraft aus.

Über den Apostel Johannes lesen wir:

»Von Tag zu Tag wurde sein Herz näher zu Christus gezogen, bis er zuletzt in der Liebe zu seinem Meister sein eigenes Ich verlor. Seine anmaßende und ehrgeizige Gemütsart verschwand, der erneuernde Einfluss des Heiligen Geistes gab ihm ein neues Herz. Die Macht der Liebe Christi bildete seine Naturanlagen gänzlich um. Dies ist das Ergebnis der Gemeinschaft mit Jesus. Wohnt Christus erst in unserem Innern, dann tritt auch eine gänzliche Veränderung unseres Wesens ein.«[146]

---

145 Randy Maxwell, *Wenn Gottes Volk betet ...* (Lüneburg, 2005), S. 162 / *If My People Pray – An Eleventh-Hour Call to Prayer and Revival* (PPPA, 1995).

146 E.G. White, *Der Weg zu Christus* (Hamburg, 1959), S. 53 / *Steps to Christ*, S. 73.1 (egwwritings.org)

»Herr, öffne mir die Augen für die Wunder, die dein Gesetz in sich ver-borgen hält.« (Psalm 119,18 Hfa) Danke, dass du mich dorthin führst, dass auch ich sagen darf: *»An deinen Worten habe ich große Freude, so wie jemand sich über Beute freut.«* (Psalm 119, 162 Hfa)

KAPITEL 6

WELCHE ERFAHRUNGEN LIEGEN VOR?

Persönliche Erfahrungen, sowie von Gemeinden, einer Vereinigung und eines Verbandes/Union

ERFAHRUNG EINES BRUDERS

»Ich bete seit zwei Jahren täglich um die Erfüllung mit dem Heiligen Geist. Meine Bitte ist, dass dadurch Jesus Tag für Tag in größerer Fülle in mir wohnt. Mein Weg mit Gott war [in dieser Zeit] sehr erstaunlich. Die Frucht des Geistes aus Gal. 5 zeigt sich deutlicher in meinem Leben, seit ich Jesus bitte, in mir zu leben, seinen Willen in mir auszuführen und mich jeden Tag neu mit seinem Geist zu erfüllen. Ich habe mehr Freude daran, in der Bibel zu lesen und Christus anderen gegenüber zu bezeugen, einen stärkeren Wunsch, für andere zu beten; außerdem sind größere Lebensstil-Änderungen erfolgt. Ich sehe das alles als eine Bestätigung meines täglichen Gottsuchens und meiner täglichen Bitte um den Heiligen Geist.« C.H. Er teilt weiter mit:

»Ich empfehle dir, sechs Wochen täglich um die Erfüllung mit dem Heiligen Geist zu beten und zu sehen, was sich ereignet.«

40 GEBETSTAGE IN SERBIEN

Im September 2010 übersetzten und veröffentlichten wir das Buch *40 Days: Prayers and Devotions to Prepare for the Second Coming*. Wir stellten es allen Gliedern in unserem Verband zur Verfügung. Dann organisierten wir wöchentliche Gebetsversammlungen für die folgenden 40 Tage; wir fasteten und beteten für eine neue Ausgießung des Heiligen Geistes.

Daraufhin setzte ein völlig neues Klima in den örtlichen Gemeinden ein. Passive Gemeindeglieder wurden aktiv und hatten ein Interesse daran, anderen zu dienen. Andere, die jahrelang verschiedener Themen wegen gestritten hatten (und sogar aufgehört hatten, miteinander zu sprechen), versöhnten sich und fingen an, gemeinsame missionarische Tätigkeiten zu planen.

Im Oktober 2010 hörten wir von der Initiative »Erweckung und Reformation«. Wir griffen sie auf und sahen in ihr eine Fortsetzung dessen, was Gott bereits in unserem Verband begonnen hatte.

Seitdem erleben wir eine engere Gemeinschaft untereinander, größere Einigkeit und ein besseres Verständnis unter den Mitarbeitern im Verband.

M. Trajkovska, Southern European Union, Belgrad, zitiert in *revivalandreformation.org*

40 GEBETSTAGE IN ZÜRICH / SCHWEIZ

»Unabhängig voneinander bekamen unser Pastor und ich ein Buch in die Hände, von dessen Inhalt wir begeistert waren. Es heißt: *40 Days: Prayers and Devotions to Prepare for the Second Coming* von Dennis Smith, Review and Herald Verlag. Dieses Buch konnte ich nicht einfach lesen und wegstecken. Der Inhalt veränderte mein Leben.

Da in unserer Gemeinde Zürich-Wolfswinkel (etwa 100 Glieder) ein großes Bedürfnis nach Erweckung und Gebet zu spüren war, planten wir für den Herbst 2011 ›40 Gebetstage‹. Das Buch liefert dafür detaillierte und wertvolle Angaben und außerdem noch dazu 40 passende tägliche Andachten.

Die Themen behandeln das Erfülltwerden mit dem Heiligen Geist, das Gebet, die Verkündigung, das Leben in Jesus und geistliche Gemeinschaft.

So starteten wir unsere 40 Tage voller Vorfreude und voller Erwartung am 1. Oktober 2011. Erfreulicherweise beteiligte sich daran ein Großteil unserer Gemeindeglieder. Gebetspartner trafen sich täglich zum Gebet, es wurden täglich SMS gesendet und täglich am Telefon gebetet. Eine Gruppe traf sich jeden Morgen um sechs Uhr früh zur Andacht und zum Gebet.

Unsere 40 Tage waren ein unvergessliches Erlebnis. Gott schenkte uns viele Gebetserfahrungen, gerade im Zusammenhang mit einer gleichzeitig laufenden Vortragsreihe über biblische Prophetie. Diese Vorträge waren ein großer Segen. Wir hatten sehr viele Besucher, und für das nachfolgende Prophetie-Seminar meldeten sich 20 Personen an. (Nachtrag von März 2013: Es kamen zwischen 50-60 Gäste, was es 20 Jahre in Zürich nicht gegeben hatte.)

Gottes Geist hat unsere Gemeinde nachhaltig verändert, und es ist eine Freude zu sehen, wie unsere Kleingruppen zu wachsen beginnen und wie Gemeindeglieder, die sich danach sehnen, Bibelstunden zu geben, zu Interessenten finden. Wer mitmachte, hat nun den tiefen Wunsch, dass Gottes Geist weiterhin am Wirken ist. Ihm möchten wir von ganzem Herzen danken und Ihm die Ehre geben.« Béatrice Egger, Gemeinde Zürich–Wolfswinkel.

40-TAGE-GEBETSZEIT UND EVANGELISATION IN KÖLN

Pastor João Lotze ist Deutsch-Brasilianer. Er wirkte 38 Jahre im Gemeinde- und Krankenhausdienst in Brasilien sowie in einer Vereinigung und der Südamerikanischen Division. Im März 2012 ging er in den Ruhestand. Er und seine Frau willigten ein, in Köln als »His Hands Missionare« in der portugiesischen/spanischen Gemeinde tätig zu werden.

»Wir begannen in Köln mit kleinen Hauskreisen zur Ermutigung der Glieder und zur Einladung von Gästen. Aufgrund unserer Erfahrungen in Brasilien führten wir in Köln die 40 Tage-Gebetszeit durch. Das Material in Portugiesisch stand zur Verfügung.

Die Gemeinde mit ihren portugiesisch-, spanisch- und deutschsprechenden Gliedern hat freudig die 40-Gebetstage begonnen. Wir beteten täglich für 100 Freunde und Bekannte. Die Namen dieser Personen waren auf eine Tafel in der Gemeinde geschrieben. Diese Fürbitte haben wir diesen Personen erst zwischen dem 30. und 35. Tag mitgeteilt und sie gleichzeitig zu einem Besuchersabbat eingeladen. Zu diesem besonderen Gottesdienst kamen 120 Personen. Christian Badorrek, der Heimatmissionsleiter von Nordrhein-Westfalen, hielt die Predigt. Mancher Gast weinte vor Freude, als er seinen Namen auf der Tafel sah.

Danach führte Antonio Goncalves, ein Evangelist aus Brasilien, eine 15-tägige Evangelisation durch. Er sprach jeden Abend (mit Übersetzung)

1,5 Stunden. Thema: ›Lass Dich durch die Bibel überraschen.‹ Es ging um die Wiederkunft sowie um Themen aus Daniel und Offenbarung. Die Vorträge und die Lieder wurden vom Portugiesischen ins Deutsche übersetzt. Kleine Chöre und gute Musik begleiteten die Abende. Jeder Abend schloss mit einem Aufruf. Wir sind dankbar für die gute Reaktion. Die Gemeinde blieb intensiv im Gebet, besonders für die Personen aus der 40-Tage-Gebetszeit.

Unser Gemeinderaum ist für 80 Personen gedacht. Aber es kamen mehr als 100. An den Wochenenden war die Gemeinde voll, an den Werktagen waren wir etwa 60 Personen. 32 Gäste kamen regelmäßig. Das führte zu acht Taufen und zu 14 zusätzlichen Anmeldungen für Taufunterricht. Bis zum Jahresende wurden 13 Personen getauft.

Wir machten viele überraschende Erfahrungen. Es war schwierig, einen Übersetzer zu finden. Eine katholische Lehrerin erklärte sich bereit. Sie hatte aber wenig Erfahrung mit der Bibel. Dann beteten wir für eine evangelische Übersetzerin. Darauf wurden wir in einem Restaurant mit einer Frau bekannt, die uns erklärte, dass sie in der Pfingstgemeinde mit Freude vom Portugiesischen ins Deutsche übersetzt. Sie wurde unsere Übersetzerin für die Evangelisation und wurde ebenfalls getauft.

Maria, die Übersetzerin, fragte, ob sie ihre Freundin Elisabeth einladen könnte. Sie ist die Leiterin einer kleinen kolumbianischen Gemeinde in Köln mit 13 Gliedern. Sie kam und brachte noch Glieder aus ihrer Gemeinde mit. Zwei von diesen wurden inzwischen getauft. Elisabeth bekommt jetzt mit ihrer Familie Bibelstunden.

Eine andere Erfahrung hängt mit dem Hope Channel zusammen. Eine deutsche Frau fand ihn zufällig und war begeistert von dem, was sie hörte, u.a. dass über den Sabbat gesprochen wurde. Sie lud ihren Mann zum Mithören ein. Auch er freute sich über die Botschaften. Als sie eines Tages zu ihrer Mutter ging, hatte sie den Eindruck, einmal einen anderen Weg zu gehen. Da sah sie das Schild der Adventgemeinde. Sie sagte sich, das sind die Adventisten vom Hope Channel. Sie besuchte am Sabbat den Gottesdienst. Dann lud sie ihren Mann ein, danach ihre Mutter. Inzwischen wurden alle drei getauft.

Eine andere Erfahrung betrifft eine russlanddeutsche Schwester. Sie hat sich an der 40-Tage Andachtszeit beteiligt und fing an, für ihre russischsprechenden Nachbarn zu beten. Als sie einer Nachbarin sagte, dass sie für sie betete, war diese sehr überrascht und sagte ihr, dass sie eine Gemeinde suche, die den Sabbat nach der Bibel hält. Sie und andere Nachbarn kamen zur Evangelisation. Zwei von ihnen wurden getauft.

Eine andere Erfahrung betrifft Jeanne. Sie war in Brasilien in der Baptistengemeinde und suchte in Köln eine portugiesisch-sprechende Gemeinde. Sie kam mit uns in Verbindung, bekam Bibelstunden und ließ sich taufen. Nach ihrer Bekehrung rief sie ihre Verwandten in Brasilien an und erzählte ihrem Onkel, der Adventist ist, dass sie jetzt auch Adventistin ist. Für ihre Mutter und Geschwister und ihre Baptistengemeinde, in der sie in Brasilien war, bevor sie nach Deutschland kam, war das eine große Überraschung. Ihre Angehörigen in Brasilien besuchten daraufhin die Adventgemeinde, um sich über den Sabbat zu informieren. Das führte dazu, dass inzwischen fünf Personen in Brasilien getauft wurden: ihre Mutter, zwei Schwestern und andere Verwandte. Sie betet nun um die Bekehrung einer weiteren Schwester, die in Argentinien wohnt. Sie möchte mit ihnen zusammen ins Reich Gottes.

Wir haben unter Gottes Führung noch andere Erfahrungen gemacht. Bei der ersten Taufe wurden acht Personen getauft, je eine aus Italien, Deutschland, Peru, Brasilien, Ukraine, Venezuela, Kolumbien und Russland.

Im Herbst hatten wir erneut in Verbindung mit der 40-Tage-Andachtszeit eine Evangelisation. Jimmy Cardoso und seine Frau, Brasilianer, die in den USA leben, hielten sie. Obwohl diese Evangelisation nur eine Woche dauerte, konnten wir am Ende eine Taufe von vier lieben Menschen haben. Sie waren schon vorher im Taufunterricht. Es waren drei Deutsche und ein Italiener.

Die beiden Taufen wurden in der Hauptgemeinde in Köln durchgeführt, die 400 Glieder hat und eine sehr schöne Taufanlage.

Wir danken unserem Gott, dass er uns so sehr überrascht hat. Ich bin überzeugt, dass er noch größere Erfahrungen für uns hat. Bitte betet für uns.« João Lotze, Köln

Lebendige Fürbitte: »Ich habe das Buch [40-Tage-Buch] zunächst einfach durchgelesen. Bereits von den ersten Seiten des Buches war ich beeindruckt. Wir sollen nicht nur für jemanden beten, sondern uns auch liebevoll um die Person kümmern. Das macht die Fürbitte lebendig. So habe ich Fürbitte zu meinem Bedauern noch gar nie gesehen. Lebendig gelebter Glaube! Ich bin überzeugt, dass das für den, der betet, genauso wichtig ist wie für den, für den gebetet wird. Ebenso überzeugte es mich bereits am Anfang, dass die Gemeinschaft in der Gemeinde gefördert wird. Oh, ich hoffe, dass solche Gemeinschaften entstehen, wie in den letzten Kapiteln beschrieben wird. Ganz ehrlich: Ich musste weinen, weil ich mich eigentlich schon so lange nach so einer Gemeinschaft sehnte. Es überzeugte mich, dass das Buch das ›Christus in mir‹ fördert und uns befreit von den eigenen Leistungen. Ich habe einige Bücher über das ›Christus in mir‹ gelesen, dieses Buch scheint mir das hilfreichste von allen zu sein. Ich glaube, dass durch dieses Buch das Gebetsleben gestärkt wird, dass die Gemeinschaft in der Gemeinde gefördert wird und dass es die Fürbitte lebendiger macht. Das Buch macht mir Hoffnung für mich, für die Gemeinde und für die Welt. Ich danke Gott dafür. Als Nächstes werde ich die unter www.missionsbrief.de gefundene 40-Tage-Anleitung studieren, darüber beten und es dorthin weitertragen, wo Gott mich beauftragt.«

Einige Wochen später kam eine weitere E-Mail von dieser Schwester: »Wie du weißt, habe ich das Buch einfach mal durchgelesen. Nun, da ich die Andachten mit meiner Gebetspartnerin mache, erkenne ich, dass sie noch viel wertvoller sind als ich damals gemeint habe. Ich bekam Antworten, wo ich allein nicht weiterkam. Ich danke Gott auch für meine Gebetspartnerin, die intensiv und lebendig mitmacht.« H.K.

Nicht mehr sicher: »Die Broschüre *Schritte zur persönlichen Erweckung* hat mich außerordentlich berührt ... Als geborener Adventist glaubte ich, dass bis heute eigentlich alles seinen rechten Weg nimmt. Das Kapitel über die zehn Jungfrauen, vor allem aber Römer 8,9b: »Wer aber Christi Geist nicht hat, der ist nicht sein«, hat mich nachdrücklich schockiert. Ich war mir plötzlich nicht mehr sicher, ob ich den Heiligen Geist habe und ob er in mir wirkt, denn die entsprechenden ›Früchte‹ vermisse ich schmerzlich in meinem Leben. Heute, am Sabbatnachmittag, habe ich das Büchlein zu Ende gelesen und eine unendliche und abgrundtiefe Trauer übermannte mich. Dann las ich das Gebet auf Seite 69 [Gebet in dieser Broschüre auf Seite 113], und der innige Wunsch brach in mir hervor, dass ich den heiligen Geist empfange und sich mein Herz verändert und Gott der Vater mich nach seinem Willen formt.« A.P.

IHN erkennen: »Ich las vor einiger Zeit deinen Artikel über Erweckung im Missionsbrief. Dieses Thema beschäftigt mich bereits seit etwa drei Jahren. Nun habe ich gerade begonnen, *Schritte zur persönlichen*

Erweckung zu lesen. Ich kann dazu nur AMEN sagen! Es freut mich, dass ich in deinen Zeilen viele ›meiner eigenen‹ Gedanken wiederfinden konnte! Ich habe den Eindruck, dass wir in unseren Gemeinden haarscharf am Ziel vorbeilaufen. Ich werde den Eindruck nicht los, dass wir den Fokus für das Wesentliche verloren haben! Wie oft geht es darum ›was die Wahrheit ist‹, ›wie wir leben sollen‹, oder ›wie wichtig Prophetie ist‹, und ich meine nicht, dass dies verkehrt ist. Doch wir übersehen WARUM Gott uns diese Dinge gegeben hat! Hat die Wahrheit nicht die völlige Gemeinschaft mit Gott zum Ziel? Sollen uns diese Bereiche nicht vielmehr dazu verhelfen, dass wir Gott WIRKLICH kennenlernen? Ist das Ziel der Prophetie nicht, dass wir IHN in seiner Größe und Allmacht erkennen und wir begreifen, dass, wenn er die ganze Welt in seiner Hand hält und lenkt, er genauso unser Leben führen und gestalten kann? Was ist das ewige Leben? Joh 17,3: ›Das ist aber das ewige Leben, dass sie dich, der Du allein wahrer Gott bist, und den Du gesandt hast, Jesus Christus, ERKENNEN.‹ Der Bräutigam im Gleichnis sagte zu den fünf törichten Jungfrauen einfach: ›Ich kenne euch nicht!‹ Das Ziel unseres Glaubens ist einfach Gott zu erkennen, mit IHM Gemeinschaft zu haben, damit ER uns füllen kann, wie er damals den Tempel erfüllte (2 Chr 5.13.14). Und wenn er uns so durchflutet, unser ganzes Sein erfüllt, dann sind nicht mehr wir es, die leben, sondern Christus lebt in uns.« (Absender dem Autor bekannt.)

ERSTAUNLICHE FÜRBITTE-ERHÖRUNGEN

»Das 40-Tage-Buch Nr. 2 von D. Smith ist ein unglaublicher Segen für mich. Die Menschen, für die ich bete, erfahren zum Teil eine 180° Wendung in ihrem Leben.

Mit einem Freund hatte ich während der 40-Tage ein tiefes geistliches Gespräch gehabt. So erzählte er mir, dass sein Leben in den letzten Wochen anders verlief. Er hat ein größeres Bedürfnis zu beten, denkt mehr über Gottes Wort nach und kann von Sachen loslassen, die für ihn wertvoll und erstrebenswert waren. Da fasste ich den Mut und teilte ihm von dem 40-Tage-Buch mit und dass er einer von den 5 Personen ist, für die ich bete. Daraufhin rief er voller positiver Überraschung: ›Du bist also für das Ganze verantwortlich.‹

Ein Mädchen hat sich dafür entschieden, ihr Leben hundertprozentig Gott zu weihen. Obwohl sie den Glauben seit ihrer Kindheit kannte, lebte sie ohne Gott. Sie hatte gar kein Interesse am Glauben und war vom weltlichen Leben total gefangen. Jetzt ist sie komplett verwandelt; alle, die sie kennen, sehen es und wundern sich. Nun studiert sie mit mir die Bibel, nimmt selber an dem 40-Tage-Programm unserer Kirche teil und möchte andere zu einem ernsteren Glaubensleben ermutigen.

Ein anderes junges Mädchen, für das ich betete, musste an einer einwöchigen Fortbildung teilnehmen und dafür in einer Herberge mit den weiteren Teilnehmern untergebracht werden. Sie machte sich über diese Zeit mit all den fremden Menschen viele Sorgen. Einen Tag vor ihrer Abreise habe ich sie zum Gebet ermutigt und ihr auch mitgeteilt, dass ich seit längerem für sie bete. So haben wir gemeinsam gebetet, dass sie den Gott des Friedens in dieser Situation erlebt und die Erfahrung eines erhörten Gebets macht. Während der Fortbildung rief sie mich an und teilte mir mit begeisterter Stimme mit, was Gott Unglaubliches an ihr getan hat. Er hat ihr nicht nur vollkommenen Frieden geschenkt, sondern auch die Standhaftigkeit, nicht an den abendlichen Vergnügungen teilzunehmen, die gefüllt waren mit Diskothek, Alkohol, etc.

Ich bete auch nach den 40 Tagen für diese Personen, da ich Großes sehe und höre, wie Gott beständiges Gebet erhört.« A.M. (vom Autor gekürzt)

GOTTES WIRKEN AUFGRUND VON FÜRBITTE

»In den letzten fünf Jahren hatte ich den Kontakt zu einem mir wichtigen Menschen komplett verloren. Er schien meine Nachrichten zu ignorieren. Ich hatte gehört, dass er seit ungefähr drei Jahren nicht mehr in die Gemeinde gehe – er ist in der Gemeinde aufgewachsen – und dass er eine Beziehung zu einer ungläubigen Frau habe. Ich setzte diesen Jungen auf meine Gebetsliste, auch wenn ich es nicht für möglich hielt, mit ihm in Kontakt zu kommen, weil er 600 km von mir entfernt wohnt und mir nie antwortete. Dennoch betete ich um ein ›Lebenszeichen‹.

Kurzfristig erfuhr ich von der Taufe seines Bruders, die zu dem Zeitpunkt ganz in meiner Nähe stattfand und die ›zufällig‹ in diese 40 Tage-Gebetszeit verschoben wurde (es war ursprünglich ein anderer Termin geplant). Ich entschied mich hinzufahren – und traf ihn! Wir durften ein sehr tiefes Gespräch führen und er erzählte mir, dass er seit einiger Zeit ein immer stärkeres Bedürfnis habe, zu Gott zurückzukommen, ihm aber die Kraft dazu fehle, seinen Lebensstil zu ändern. Ich erzählte ihm, dass ich seit 20 Tagen intensiv für ihn bete und ihn auch schon vorher auf meiner Gebetsliste hatte. Er war sprachlos, dass er gerade in der Zeit Gottes Wirken an sich spürte.

Während des sehr geistlichen Taufgottesdienstes wurde er sehr berührt, und als der Pastor einen Aufruf machte, spürte ich den Kampf in seinem Innern. Nach langem Ringen fiel er schließlich auf seine Knie und weinte. Er hatte sich Gott wieder übergeben! Am Ende des Abends erzählte er mir, dass er sich entschieden habe, wieder regelmäßig in die Gemeinde zu gehen und sein Leben ändern zu lassen. Er hätte nie erwartet, dass das Wochenende so enden würde.

Einige Wochen später traf ich ihn auf einer Jugend-Missions-Konferenz, die ihn noch mal sehr gestärkt und aufgebaut hat. Ich danke Gott für die Umkehr eines geliebten Menschen!« M.H.

GEMEINDE LUDWIGSBURG / BADEN-WÜRTTEMBERG

»Zunächst studierten wir das 40-Tage-Buch gemeinsam als Ehepaar und erlebten großen persönlichen Gewinn und Segen in der Gebetszeit. Danach organisierten wir zweimal pro Woche Gebetstreffen in der Gemeinde und lasen das Buch mit unseren Geschwistern. Wir erfuhren in diesen 40 Tagen ganz deutlich Gottes Segen und seine Führung und erlebten viele Wunder! Gott erfrischte und erweckte uns als Gemeinde: Geschwister, die sich vorher nicht trauten, mit fremden Menschen ins Gespräch zu kommen, sprachen plötzlich von selbst Menschen an. Gott schweißte uns als Gemeinde durch das gemeinsame Gebet enger zusammen! Besondere Erfahrungen durften wir in der Fürbitte und Begleitung der fünf Personen machen, für die wir während der 40 Tage beteten. Gott hatte an diesen Menschen besonders gewirkt. Immer wieder tauchen Menschen von der Straße plötzlich am Sabbat im Gottesdienst auf. Eine Familie davon betreuen wir mit Bibelstunden. Sie hatten den Sabbat aus Videos im Internet und durch das Buch *Vom Schatten zum Licht (Der Große Kampf)* kennengelernt und waren schon länger auf der Suche nach einer Gemeinde.« Katja und Christian Schindler, Gemeinde Ludwigsburg (vom Autor gekürzt)

40 TAGE ERFAHRUNG

»Begonnen hatte alles mit dem Seminar *Schritte zur persönlichen Erweckung*. Damals wuchs in mir die Sehnsucht, Gott im Alltag zu erleben.

Ich hörte dann von einer 40-Tage-Gebets-und-Andachtszeit. Sofort war mir klar: Dieses Abenteuer wollte ich auch erleben. Tatsächlich wusste ich nicht, auf was ich mich da einließ. Den passenden Gebetspartner zu finden (das ist Teil dieses Programms), war nicht schwer. Eine Herausforderung bestand für mich jedoch darin, 40 Tage lang eine gemeinsame Zeit zu finden. Als Krankenschwester habe ich nämlich unregelmäßige Arbeitszeiten. Und darüber hatte ich nicht nachgedacht. Dennoch segnete Gott meine Entscheidung von Anfang an. Fast sehnsüchtig wartete ich auf diese so kostbaren Minuten des Tages, in denen wir uns über das Thema austauschten und inständig um den Heiligen Geist baten. Wir stellten fest, dass die Gebete etwas in unserem Leben bewirkten. Und das konnten wir nicht für uns behalten. Bei jeder Gelegenheit fühlten wir uns gedrungen, davon zu berichten. Wichtig war mir, andere für die gleiche Erfahrung zu motivieren. Die Wirkung blieb nicht aus. So manches Gemeindeglied wurde von unserer Begeisterung angesteckt. Schnell bildeten sich neue Andachtspaare. Jede Woche freuten wir uns, wenn wir uns über das Erlebte austauschen konnten. Dieser ›Virus‹ hat auch viele unserer Jugendlichen angesteckt. Zu schnell endeten die 40 Tage. Wir wollten und konnten nicht einfach aufhören. Mit dem Buch *Maranatha: Der Herr kommt* von Ellen White führten wir unsere Andachtszeit fort. Und Gott ließ nicht lange auf sich warten. Er schenkte uns noch während der 40 Tage eine wunderbare Gebetserhörung. Jemand für den wir in diesen Tagen besonders gebetet hatten, nahm nach langer Zeit wieder Kontakt zur Gemeinde auf. Die Freude war groß. Die Menschen um mich herum wurden mir immer wichtiger. Mein Verlangen, anderen Menschen die Liebe Gottes näher zu bringen, wurde immer stärker. Mein Leben veränderte sich. Viele von uns lernten sich gegenseitig besser kennen und verstehen. Viele nehmen teil am Leben des anderen und sind füreinander da. Gemeinschaft hat für mich jetzt eine ganz andere Bedeutung. Das Buch über die 40Tage Gebets-und-Andachtszeit von Dennis Smith war mir eine große Hilfe. Es ist leichter als es zunächst scheint, einen Gebetspartner zu finden und Gott zu erleben. Die Menschen, die uns am Herzen liegen, werden es uns danken.«

Hildegard Welker, Gemeinde Crailsheim, ist Krankenschwester in der Chirurgie. (vom Autor leicht gekürzt)

JESUS UNSER VORBILD

In allen Dingen ist unser Herr Jesus unser größtes Vorbild. Wir lesen in Luk. 3,21.22 GN: *»Zusammen mit dem ganzen Volk hatte auch Jesus sich taufen lassen. Gleich darauf, während er betete, öffnete sich der Himmel. Der Heilige Geist kam sichtbar auf ihn herab, anzusehen wie eine Taube.«*

Ellen White sagt zu diesem Geschehen: »Als Antwort auf sein Gebet zum Vater öffnete sich der Himmel, und der Geist kam herab wie eine Taube und blieb auf ihm.«[147]

Erstaunlich ist, was in der Zeit seines Dienstes geschah: »Morgen für Morgen sprach er mit seinem Vater im Himmel. **Er empfing von ihm täglich eine neue Taufe (Erfüllung) mit dem Heiligen Geist**.«[148] Wenn Jesus jeden Tag eine neue Erfüllung mit dem Heiligen Geist benötigte, um wie viel mehr benötigen wir sie!

SCHLUSSGEDANKEN

Durch den Heiligen Geist erhalten wir einen wunderbaren Führer in allen Lebenslagen und Kraft nach dem Reichtum seiner Herrlichkeit.

Dadurch werden wir charakterlich zubereitet und wertvolle Werkzeuge im Dienst Gottes. Unsere tägliche Hingabe und Erfüllung mit dem Heiligen Geist wird zu einem wirklichen Durchbruch in unserem Leben führen.

Der Herr will uns auf die größte Zeit der Weltgeschichte vorbereiten. Er will, dass wir selbst bereit sind für sein Kommen und dass wir in der Kraft des Heiligen Geistes an der Vollendung des Evangeliumswerkes mitarbeiten. Er will uns siegreich weiterführen durch schwierige Zeiten.

Lass dir durch tägliche Hingabe und tägliche Erfüllung mit dem Heiligen Geist eine persönliche Erweckung und Reformation schenken.

Ich schließe mit einem Text und einem Gebet um Erweckung:

»Wenn ... mein Volk ... sich demütigt, dass sie beten und mein Angesicht suchen und sich von ihren bösen Wegen bekehren, so will ich vom Himmel her hören und ihre Sünde vergeben und ihr Land heilen.« (2. Chron. 7,14)

---

147 E.G. White, *Das Wirken des Heiligen Geistes* (Lüneburg, 2006), S. 12 / *Ye Shall Receive Power*, R&H, 1995
148 E.G. White, *Signs of the Times* (www.egwwritings.org), 21. Nov. 1895

> *Gebet: Vater im Himmel, bitte gib uns Demut (Micha 6, 8). Gib in unser Herz ein großes Verlangen zu beten und dein Angesicht zu suchen. Mache uns willig und hilf uns, unsere unrechten Wege aufzugeben. Bitte erfülle du in uns die Bedingungen und lass uns als Ergebnis deiner Verheißung deine Erhörung erleben. Vergib uns unsere Sünden und heile uns von unserer Lauheit oder Abtrünnigkeit. Bitte hilf uns, dass wir uns jeden Morgen Jesus voll anvertrauen und im Glauben den Heiligen Geist empfangen. Amen.*

»Eine Erweckung kann nur erwartet werden als Antwort auf Gebet.«[149] »Wenn Gottes Geist wie damals zu Pfingsten ausgegossen wird, führt das zu einer geistlichen Erweckung, die ihren Ausdruck in erstaunlichen Taten findet.«[150]

---

777 WELTWEITE GEBETSKETTE (Global Prayer Chain)

Was ist "777"? Es ist eine weltweite Gebetskette, bei der Tag und Nacht gebetet wird. Gottes Volk betet sieben Tage die Woche um 7.00 Uhr und 19.00 Uhr für die Gegenwart des Heiligen Geistes in unseren Familien, unseren Gemeinden und unserem Dienst. Wenn wir zu den genannten Zeiten beten, bedeutet dies, dass wir durch die anderen Zeitzonen auf der ganzen Welt gleichzeitig mit Tausenden anderer Beter verbunden sind. »Eine Kette von ernst betenden Gläubigen sollte die ganze Welt umfassen ... zum Gebet um den Heiligen Geist.« (Review and Herald, 3. Januar 1907) *www.revivalandreformation.org*

---

149 E.G. White, *Für die Gemeinde geschrieben* Bd. 1 (Hamburg, 1991), S. 128 / *Selected Messages* Vol.1, 121.1 (egwwritings.org)

150 E.G. White, *Für die Gemeinde geschrieben* Bd. 2 (Hamburg, 1992), S. 56 / *Selected Messages* Vol.2, 57.1 (egwwritings.org)

Studien-Empfehlung

Eine wichtiger Tipp: Lies doch diese Broschüre – wenn möglich – sechs Tage lang hintereinander. Pädagogische Forschung hat gezeigt, dass es nötig ist, ein solch entscheidendes Thema für unser Leben sechs bis zehn Mal zu lesen oder zu hören, ehe man es gründlich begriffen hat. Probiere es wenigstens einmal aus. Das Ergebnis wird dich überzeugen.

Eine Lehrerin probierte es aus: »Diese Mut machenden Worte ließen mich nicht mehr los:

Das wollte ich erleben und schon beim dritten Mal ergriff es mich und ich verspürte eine große Liebe für unseren Erlöser, nach der ich mich mein Leben lang gesehnt hatte. Ich las es sechsmal hintereinander innerhalb von zwei Monaten und das Ergebnis war es wert. Es war, als könnte ich nachempfinden, wie es sein muss, wenn Jesus sich uns nähert und wir ihm in seine reinen, gütigen und liebevollen Augen schauen können. Diese Freude für unseren Heiland wollte ich von da an nicht mehr missen.« C.P.

Es gingen viele dankbare und begeisterte Zeugnisse über das neue Leben im Heiligen Geist ein. Sie waren fast alle von solchen Lesern, die sich intensiv durch mehrmaliges Lesen damit beschäftigt haben.

Literatur zum Thema

Literatur in deutscher Sprache wird im Anhang eingehend vorgestellt. In englischer Sprache empfehlen wir:

▶ *40 Days Prayers and Devotions to Prepare for the Second Coming* [Book 1], Dennis Smith, Review and Herald 2009
▶ *40 Days Prayers and Devotions to Revive your Experience with God* [Book 2], Dennis Smith, Review and Herald, 2011
▶ *40 Days God's Health Principles for His Last-Day People* [Book 3], Dennis Smith, Review and Herald, 2011
▶ *40 Days Prayers and Devotions on Earth's Final Events* [Book 4], Dennis Smith, Review and Herald 2013
▶ *If My People Pray – An Eleventh-Hour Call to Prayer and Revival*, Randy Maxwell, Pacific Press 1995

- *Revive Us Again*, Mark A. Finley, Pacific Press 2010
- *The Radical Prayer*, Derek J. Morris, Review and Herald 2008
- *How to Be Filled With the Holy Spirit und Know it*, Garrie F. Williams, Review and Herald 1991

40-TAGE-KONZEPT (40-DAYS INSTRUCTION MANUAL)

Hilfreiche Unterlagen für Organisatoren einer 40-Tage-Gebetszeit mit anschließender Evangelisation unter Verwendung der 40-Tage-Bücher von Dennis Smith kann man unter der Webseite *www.SpiritBaptism.org* finden: 40 Days Instruction Manual

Man kann dies auch lesen oder herunterladen von *www.missionsbrief.de* – 40 Tage – Anleitungen/Konzept

NEUE ERFAHRUNGEN MIT DEM LEBEN IM HEILIGEN GEIST

Unser Herr Jesus hat gesagt: »Ihr werdet die Kraft des Heiligen Geistes empfangen und werdet meine Zeugen sein.« (Apg 1,8)

Eine freundliche Bitte: Wenn du durch das Leben im Heiligen Geist in deinem eigenen Glaubensleben oder in deinem Zeugnis Erfahrungen machst, dann wären wir für eine kurze Mitteilung darüber an Helmut Haubeil zur Veröffentlichung im Missionsbrief dankbar. Bitte dabei erwähnen, ob nur die Initialen angegeben werden sollen oder der volle Name und die Gemeinde. Bitte bedenke, dass deine Erfahrung andere stärken kann im Leben mit dem Heiligen Geist zu beginnen oder zu wachsen.

Kontakt:
Helmut Haubeil
Rosenheimerstr.49
D-83043 Bad Aibling / Oberbayern
E-Mail: helmut@haubeil.net

Deutschland

Wertvoll leben

Im Kiesel 3

D- 73635 Rudersberg / Württ.

Tel. +49 (0) 71 83 / 3 09 98 47

www.wertvollleben.com

E-Mail: info@wertvollleben.com

Österreich

TOP LIFE Wegweiser-Verlag

Prager Str. 287

A-1210 Wien

Tel. +43 (0) 13199301-0

www.toplife-center.com

E-Mail: info@wegweiser-verlag.at

Österreich und Deutschland

AdventistBookCenter

Bogenhofen

A-4963 St.Peter/Hart bei Braunau/Inn

Tel. +43 (0) 2294000

www.adventistbookcenter.at

E-Mail: info@adventistbookcenter.at

Schweiz

Advent-Verlag Krattigen

Leissigenstr. 17

CH-3704 Krattigen

Tel. +41 33 654 1065, vormittags

Shop: www.av-buchshop.ch

E-Mail: info@adventverlag.ch

Schritte zur pers. Erweckung – Deutsch

Dies ist eine Broschüre von 144 Seiten. Es eignet sich ebenfalls zum Lesen oder auch zum gemeinsamen Austausch. Es ist eine sehr praktische Hilfe, um die Erfüllung mit dem Heiligen Geist im eigenen Leben umzusetzen.

Kapitel 1 – Was ist der Kern unserer Probleme?
- Gibt es eine geistliche Ursache hinter unseren Problemen?
- Haben wir einen Mangel an Heiligem Geist?

Kapitel 2 – Unsere Probleme sind lösbar – Wie?
- Wie können wir wachsen in ein frohes starkes Christsein?
- Welche Bedeutung hat unsere Hingabe an Jesus Christus?
- Ist es zweckmäßig täglich um den Heiligen Geist zu beten oder werden wir einmal für immer erfüllt?

Kapitel 3 – Welche Unterschiede sind zu erwarten?
- Welche Verluste haben wir, wenn wir nicht um den Heiligen Geist beten?
- Welchen Gewinn haben wir durch ein Leben im Heiligen Geist?

Kapitel 4 – Der Schlüssel zur Praxis
- Wie kann ich diese Lösung für mich praktisch umsetzen und erleben?
- Wie kann man so beten, dass man nach dem Gebet gewiss ist vom Heiligen Geist erfüllt zu sein?

Kapitel 5 – Welche Erfahrungen liegen vor?
- Persönliche Erfahrungen, sowie von Gemeinden, Vereinigung, Verband/Union

Schritte zur pers. Erweckung – Englisch

„Steps to Personal Revival – Being Filled with the Holy Ghost" Dieses Heft entspricht dem Inhalt der Deutschen Version.

E-Book: Schritte zur persönlichen Erweckung

Das E-Book „Schritte zur persönlichen Erweckung" steht in den beiden Versionen „epub" und „mobi" zum Lesen, Versenden oder Herunterladen bereit auf www.missionsbrief.de – Predigten lesen oder bei Amazon Kindle Books Store zum Download (1,02 €)

Video-Seminar: Schritte zur persönlichen Erweckung

von Helmut Haubeil

Missionspreis: € 5,– plus Versandkosten

- Wie erkenne ich den Willen Gottes für mein Leben?
  Erfahrung: Vom Prokuristen zum Prediger.
- Was ist der Kern unserer Probleme? Gibt es dafür eine geistliche
  Ursache? Ist es ein Mangel an Heiligem Geist?
- Interview mit Helmut Haubeil:
  Was hält ihn körperlich und geistlich jung?
  Was hat ihn dazu bewegt, das Buch „Gott, Geld & Glaube"
  zu schreiben? Wie entstand die Broschüre „Schritte zur persönlichen
  Erweckung"? Wie kam es zu dem 40-Tage-Buch?
- Das Geheimnis heißt „täglich": Gottes Lösung für unser Kernproblem.
  Wie können wir zu frohen und starken Christen heranwachsen?
- Wie sieht ein Leben im Heiligen Geist praktisch aus?
  Wie kann man so beten, dass man nach dem Gebet gewiss ist,
  vom Heiligen Geist erfüllt zu sein?

Produktion des Video-Seminars (2 DVDs): Amazing Discoveries
Beziehbar bei den Verlagen (siehe Seite 131) und Amazing Discoveries

Hörbuch: Schritte zur persönlichen Erweckung

Preise:
1 Ex. = 3,50 € / 5,00 Fr | 10 Ex. = 1,50 € / 2,00 Fr
5 Ex. = 2,00 € / 3,00 Fr | 50 Ex. = 1,00 € / 1,50 Fr

Dieses mp3-Hörbuch, gesprochen von Hanno Herzler, wurde von
Amazing Recordings aufgenommen. (Laufzeit 2 Std. 48 Minuten)
Der Inhalt der Aufnahmen basiert auf der 3. Auflage der Broschüre.
Beziehbar bei den Verlagen (siehe Seite 131) und Amazing Recordings.

In Jesus bleiben – Broschüre

 Bleibet in mir und ich in euch. Das bedeutet
- ein beständiges Empfangen seines Geistes
- ein Leben der vorbehaltlosen Hingabe an seinen Dienst.

E. G. White. Das Leben Jesu S. 675

Aufbaustunden zum Thema: Schritte zur persönlichen Erweckung

Kapitel 1 – Jesu kostbarstes Geschenk
- Was lehrt Jesus über den Heiligen Geist? Kennst du die beeindruckendste Botschaf Jesu? Welche Aufgaben hat der Heilige Geist?

Kapitel 2 – Hingabe an Jesus
- Was bedeutet Hingabe? Werde ich dadurch willenlos oder gewinne ich an Rückrat? Was kann uns an der Hingabe hindern?

Kapitel 3 – Jesus in Dir
- Unter welchen Voraussetzungen lebt Jesus in mir?
Was bewirkt „Christus in mir" für mein Leben?
Der Gipfel alles Erreichbaren: Erfüllt mit aller Gottesfülle.

Kapitel 4 – Gehorsam durch Jesus
- Wie kann ich in einem freudigen Gehorsam leben?
Welche Merkmale hat Glaubensgehorsam? Warum ist er eine Freude?

Kapitel 5 – Attraktiver Glaube durch Jesus
Was ist die Grundlage attraktiven Glaubens?
Wodurch wird Einssein unter Gläubigen erreicht?

Preise:
1 Ex. = 3,80 € | 10 Ex. = 2,00 € | 50 Ex. = 1,50 €

Seminar: In Jesus bleiben

von Helmut Haubeil

5 Video-Vorträge auf Double-Layer DVD
Spielzeit: 4,5 Std.
Preis: 8,00 €

Vortrag 1: Lehren über den Heiligen Geist
- Kennst du die eindrücklichste Botschaft Jesu? Welche Aufgaben hat der Heilige Geist? Wie geht unsere Charakterveränderung vor sich?

Vortrag 2: Hingabe an Jesus
- Was bedeutet Hingabe? Willenlos oder Rückgrat? Was kann uns hindern? Welchen Segen bringt dies? Genügt es, wenn wir uns einmal hingegeben haben?

Vortrag 3 – Jesus in Dir
- Unter welchen Voraussetzungen lebt Jesus in mir? Was bewirkt „Christus-in-mir" für mein Leben? Der Gipfel alles Erreichbaren: Erfüllt mit aller Gottesfülle.

Vortrag 4 – Gehorsam durch Jesus
- Freudiger und Kraftvoller Gehorsam – Wie? Welche Merkmale hat Glaubensgehorsam? Göttlich-menschliche Zusammenarbeit – Wer tut was?

Vortrag 5 – Attraktiver Glaube durch Jesus
Was ist die Grundlage attraktiven Glaubens? Anziehender Glaube für meine Familie und die Welt. Erweckung bewirkt Mission. – Wodurch?

Beziehbar bei den Verlagen (siehe Seite 131) und Advedia Vision, Finkenstr. 13, D-84367 Tann, Tel. +49 (0)8572 212 583, advedia-vision@gmx.net

5 Audio-Vorträge auf MP3-CD
Themen wie Video-Seminar

Preis: 4,00 €

40 Tage – Buch 1:
… zur Vorbereitung auf die Wiederkunft Jesu

Wünschst du dir ein erfülltes Bibelstudium und Gebetsleben? Möchtest du andere Menschen zu Christus führen?

Wenn ja, bist du hier genau richtig. Die 40 Andachten in diesem Buch wurden erarbeitet, um deine persönliche Freundschaft mit Jesus zu stärken. Sie wollen dir auch helfen, deine Mitmenschen für Christus zu gewinnen. Warum 40 Tage? Die Bibel berichtet von verschiedenen bedeutsamen Ereignissen, die 40 Tage lang dauerten:

- ▶ Während der Sintflut regnete es 40 Tage lang
- ▶ Mose war 40 Tage lang auf dem Berg Sinai mit Gott zusammen
- ▶ Israels Kundschafter durchwanderten 40 Tage lang das verheißene Land
- ▶ Jona warnte Ninive 40 Tage lang
- ▶ Jesus verbrachte nach seiner Taufe 40 Tage in der Wüste
- ▶ Jesus blieb nach seiner Auferstehung 40 Tage lang mit den Jüngern in Kontakt

Gott möchte auch in deinem Leben etwas Außergewöhnliches tun. Er sehnt sich nicht nur nach einer engeren Beziehung zu dir – er möchte durch dich auch anderen näher kommen. In diesen 40 Tagen hast du die Gelegenheit, eine intensive Gemeinschaft mit Gott zu pflegen. Das bereitet dich noch besser auf die vor uns liegende Zeit und die lang erwartete Wiederkunft Jesu vor.

40 Tage – Buch 2:
Vertiefung Deiner Gottesbeziehung

Was können 40 Tage bewirken? Sehr viel – wenn du betest. Komm mit Dennis Smith auf eine geistliche Reise, die dein Leben verändern wird.

Dein Gebetsleben wird Tag für Tag effektiver, dein Glaube erstarkt durch erhörte Gebete und deine Verbindung zu Glaubensfreunden vertieft sich, wenn du dich für diese Andachten und Gebete während 40 Tagen entscheidest.

Die wertvollen täglichen Andachten werden durch Vorschläge für persönliche Gedanken mit einer Gesprächshilfe und Anregungen für die Gebetszeit ergänzt. Sehnst du dich nach einer geistlichen Erweckung und weißt nicht, wie sie aufkommen kann, so beginne hier. Dennis Smith wird dich durch die 40 Tage begleiten und dir wesentliche biblische Wahrheiten nahe bringen, die für alle Christen kostbar sind.

In gleicher Art wie das beliebte Buch von Dennis Smith „40 Tage, Andachten und Gebete zur Vorbereitung auf die Wiederkunft Jesu" kann auch dieser zweite Band die geistliche Ausrichtung sowohl von Einzelnen als auch von Kleingruppen und von ganzen Gemeinden neu beleben. Entdecke für dich persönlich, welche große Auswirkung 40 Tage haben können.

Preis: je € 12,80
Staffelpreise: Ab 10 Ex.: € 11,80 | Ab 20 Ex.: € 10,80

40-Tage – Buch 3:
Gesundheit in der Endzeit

„Mein Lieber, ich wünsche, dass dir's in allen Stücken wohlgehe und du gesund seiest, so wie es deiner Seele wohlgeht." (3. Joh. 2) Es ist keine Frage – Gott wünscht, dass sein Volk Zeit und Energie einsetzt, um seine Liebe an andere weiterzugeben. Es ist sein Anliegen, dass alle sich vorbereiten auf seine baldige Wiederkunft. Doch unser Gott will auch, dass sein Volk Zeit und Energie investiert in die Fürsorge für sich selbst. Körperliche Gesundheit beeinflusst unsere geistliche und seelische Gesundheit, sowie unsere Fähigkeit anderen effektiv zu dienen. Ellen White sagte so treffend: *„Der Missbrauch unserer körperlichen Kräfte verkürzt die Zeit, in der unser Leben zur Ehre Gottes dienen kann. Und es beeinträchtigt das Werk, das Gott für uns vorgesehen hat."*

In diesem Band lädt Dennis Smith uns ein, auch in den nächsten 40 Tagen Gott zu dienen in der Aufgabe, die er uns gegeben hat. Dabei geht es jedoch gleichzeitig darum, tiefer einzudringen in eine ganzheitliche Gesundheitssicht – nämlich die Bedeutung der Pflege für Körper, Geist und Seele – und zu erkennen, dass die Gesundheitsbotschaft diese wertvolle und entscheidende Sicht vermittelt. Sie ist besonders wichtig in diesen letzten Tage der Weltgeschichte.

40-Tage – Buch 4:
Über die Endzeit-Ereignisse

„Darum wachet; denn ihr wisst nicht, an welchem Tag euer Herr kommt." (Mt. 24, 42) Jesus erklärte Seinen Jüngern, dass nur Gott, der Vater, den Tag und die Stunde Seines Kommens wisse. Er lies Seine Nachfolger jedoch nicht im Dunkeln und beschrieb die Zeichen, die uns auf das Nahen dieses herrlichen Ereignisses deutlich aufmerksam machen würden.

Die Andachten in diesem Buch stützen sich auf diese Zeichen und andere Prophezeiungen der Bibel um eine Karte der Ereignisse, die kurz vor Jesu Wiederkunft geschehen werden, aufzuzeichnen. Das Wissen um diese Geschehnisse ist jedoch nur ein kleiner Teil der Vorbereitung um Ihm zu begegnen, denn eine echte, lebendige Beziehung mit Jesus ist der wirklich bestimmende Faktor des Bereitseins des Einzelnen. Diese Lesungen betonen auch die wesentlichen Elemente wie persönliches Studium des Wortes Gottes, Gebet und das Verständnis und die Erfahrung der Taufe mit dem Heiligen Geist und der Gerechtigkeit aus Glauben.

Wie auch die vorherigen 40 Tage Andachten, beinhaltet dieses Studienbuch einen größeren Aufgabenbereich. Es ist nicht Gottes Plan, dass wir das Wissen von Seinem Wort für uns selbst behalten. Wir sind aufgerufen, uns anderen mit Seiner Liebe zuzuwenden und ihnen Seine Verheißungen mitzuteilen, damit auch sie Ausschau halten und bereit sind.

Zu beziehen bei den Verlagen (siehe Seite 131)

ERFÜLLTES LEBEN
IN EINER PERSÖNLICHEN
BEZIEHUNG ZU GOTT

GOTT
ERFAHREN

BEZIEHUNG ZU GOTT

Leben in enger Gemeinschaft mit dem Schöpfer des Universums.,

WEGE ZUM ZIEL

2000 Jahre alt und doch aktuell: Was hat die Bibel heute zu sagen?

MEDIEN

Hier stehen für dich Video- und Audioaufnahmen bereit.

GOTT? JESUS? BIBEL?

Die Bibel. Ist sie das Wort Gottes oder ein Märchenbuch?

GOTT VERÄNDERT LEBEN

Gott im Alltag erleben? Wage es und erwarte Großes.

ANGEBOTE

Kostenlose Angebot zu verschiedenen Themen.

www.gotterfahren.info

Andreasbriefe 1-17

von Helmut Haubeil

Lieber Andreas

Die Andreasbriefe sollen helfen, Menschen zu Jesus zu führen, wie Andreas seinen Bruder zu Jesus führte (Joh. 1,42). Werbefachleute betonen, dass Briefe gut aufgenommen werden. Sie erlauben auch die Du-Anrede, sodass sich die Empfänger persönlicher angesprochen fühlen.

Leserbrief

Ich verteile jetzt auch die Andreasbrief-Hörbuch-CD. Sie wird sehr gut angenommen. So habe ich nochmals eine Bestellung von 30 Stück aufgegeben. Die Andreasbriefe helfen mir selbst, die Bibel besser zu verstehen. Da ich mich erst seit einem Jahr mit dem Wort Gottes beschäftige, bin ich umso dankbarer für jede Erkenntnis aus dem Wort Gottes.

Neulich erhielt ich einen Anruf von einem Freund, der gerade eine Andreasbrief-CD erhalten hatte und er erzählte mir, dass er vom Wort Gottes so berührt sei, dass er jetzt seine Lebensumstände ändern will. Er möchte auch am Sabbat die Gemeinde besuchen. Auch mein Mann hörte sich diese CD an und sagte: »Ich bin begeistert vom ersten bis zum letzten Brief.«

Rita Aigner

Andreasbrief Nr. 1: Der christliche Glaube auf dem Prüfstand

Er steht und fällt mit der klaren Beantwortung von drei Fragen. Ich habe diesen Weg hunderte Mal benutzt und immer Staunen und positive Reaktionen erlebt.
1. Gibt es einen lebendigen, allwissenden und allmächtigen Gott, der die Menschen liebt?
2. Ist Jesus von Nazareth wirklich der von Gott gesandte Erlöser?
3. Ist die Bibel oder Heilige Schrift wirklich von Menschen im Auftrag Gottes geschrieben worden oder ist sie nur ein menschliches Produkt?

Auf diese fundamentalen Fragen gibt es sehr befriedigende Antworten. Überzeuge Dich selbst. Vielleicht ist Dir der Weg, den ich meine, bis jetzt nicht bekannt gewesen.

Andreasbrief Nr. 2: Einzigartig und unvergleichlich: Jesus von Nazareth

Die größte Persönlichkeit der Weltgeschichte, einzigartig und unvergleichlich. Welche Auswirkungen hatte das Leben Jesu? Warum ist Jesus und der Erfolg seines Lebens so einzigartig? Was sagt Jesus selbst, wer er ist? Was sagen die Augenzeugen, die Geschichte? Welche Feststellungen machten aufrichtige Zweifler, die die Tatsachen untersuchten?

Andreasbrief Nr. 3: Was ist eigentlich das Hauptanliegen der Bibel?

In diesem Andreasbrief wird in kurzer, lebendiger Weise der Erlösungsplan Gottes dargestellt. Was muss man tun, um das Leben in Fülle und das ewige Leben zu bekommen? Es wird erwähnt, dass bei großen Umfragen 98% aller Befragten vom Hauptanliegen der Bibel eine verkehrte Vorstellung hatten. Er zeigt deutlich, dass unsere Erlösung ein Geschenk Gottes ist und nicht verdient werden kann oder verdient werden muss. Es ist überwältigend, wenn dies jemand aufgeht.

Andreasbrief Nr. 4: Die Wette unseres Lebens. Gibt es Gott? Gibt es keinen Gott?

Diese Wette wird allgemein die »Wette des Pascal« genannt. Blaise Pascal kam zu dem Schluss, dass sich jeder vernünftig denkende Mensch für Jesus Christus entscheiden müsste, selbst wenn die Chancen für die Richtigkeit der christlichen Lehre nur 50:50 ständen. Dr. Viggo Olson, ein bekannter Chirurg und ein entschiedener Gegner des Glaubens, kam mit den Aussagen von Blaise Pascal in Berührung. Er und seine Frau wehrten sich mit Händen und Füßen gegen den christlichen Glauben. Er wurde nach intensivem Studium überzeugter Christ.

Jeder Mensch muss wetten. Der Mensch muss sein Leben entweder auf die Behauptung setzten, dass die christliche Lehre wahr ist oder auf die Behauptung, dass sie nicht wahr ist. Wenn der Mensch diese Wette nicht eingeht, setzt er automatisch auf die Möglichkeit, dass sie nicht wahr ist.

Andreasbrief Nr. 5: Sieg über Tabak und Alkohol

Hier wird die große Erfahrung von Adolf, einem 39-jährigen Kraftfahrer erzählt, der täglich 60-70 Zigaretten rauchte. Gleichzeitig gibt es eine wertvolle Anleitung für das Beten mit Verheißungen. Da es über 3.000 Verheißungen gibt, können wir für viele Bereiche in unserem Leben beten mit der Gewissheit, dass wir erhört worden sind. Es ist wie eine Erlaubnis, unbeschränkt von »Gottes Konto« abheben zu dürfen. Dieses große Geschenk Gottes ist unverzichtbar für jeden der ein siegreiches Christenleben führen will. Wie kann man mit Gottes Hilfe sofort völlig freiwerden von Süchten? Wer dies gerne wissen möchte, sollte diesen Andreasbrief hören.

Andreasbrief Nr. 6: Wie kann man wissen, was die Zukunft bringt?

Eine Betrachtung über das prophetische Buch Daniel, Kapitel 2. Es ist die Grundlage zum Verständnis der biblischen Bücher »Daniel« und »Offenbarung«, die beide für unsere Zeit geschrieben wurden. In dieser Prophezeiung wird die Entstehung bestimmter Weltreiche und die Aufrichtung des Reiches Gottes offenbart. Von den sechs Vorankündigungen sind bereits fünf präzise erfüllt. Daher können wir mit der Erfüllung der sechsten Voraussage rechnen. Was kommt noch? Freue Dich, diese Prophezeiung kennenzulernen.

Andreasbrief Nr. 7: Vorbeugen oder Heilen?

Dieser Andreasbrief ist sehr wichtig um indirekt gegen Vorurteile im Bereich des Glaubens und im Bereich der Gesundheit anzugehen. Dies wird gezeigt an der Erfahrung von Dr. Semmelweis. Von wem stammt die Wissenschaft der Präventiv-Medizin? Wer hat geholfen, das Leben von Millionen zu retten im 14. Jahrhundert von der Pest, im 18. Jahrhundert von Ruhr, Cholera und Typhus. Die Bibel war der Wissenschaft 4.000 Jahre voraus in der Minderung von Gebärmutterkrebs. Wodurch? Eine Großuntersuchung des Lebensstils der Siebenten-Tags-Adventisten zeigt den Vorteil einer gesunden Lebensweise.

Andreasbrief Nr. 8: Prophezeiungen über Jesus Christus

Wahrscheinlichkeit der Erfüllung 1:10[17]
Dieser Andreasbrief stärkt insbesondere das Vertrauen, dass Jesus von Nazareth der göttliche Erlöser ist und, dass die Bibel nur von Gott sein kann. Hier werden verschiedene Vorhersagen und Erfüllungen über das Leben Jesu gegenübergestellt. 8 Einzelheiten zeigen, warum die Erfüllung dieser aus menschlicher Sicht unmöglich war.

Andreasbrief Nr. 9: Prophezeiung über vier Städte

Dieser Andreasbrief stärkt das Vertrauen, dass die Bibel von Gott stammt. Die Prophezeiungen über folgende vier Städte sind buchstäblich in Erfüllung gegangen, obwohl ihre mathematische Wahrscheinlichkeit bei 1: 200 Billionen liegt:
a) das Goldene Tor von Jerusalem
b) die seltsame Felsenstadt Petra
c) das sagenumwobene Babylon
d) Blüte und Untergang von Tyrus

Andreasbrief Nr. 10: Jesus und der Sabbat

Welche Beziehung besteht zwischen Jesus und dem biblischen Sabbat? Dieser Andreasbrief zeigt, wie der Sabbat mit Jesus verbunden ist als Schöpfer, als Führer des Volkes Gottes, als göttlicher Gesetzgeber, als Erlöser, als Auftraggeber der Propheten, als Mensch, als Gekreuzigter und Auferstandener, als Ratgeber der Jünger, als Lamm Gottes, als wiederkommender Herr, als Richter der Welt und als König der neuen Erde. Hier erfahren Sie, welche Bedeutung der Sabbat für Jesus Christus und für alle Menschen hat.

Andreasbrief Nr. 11: Was sagte Jesus über Jerusalem, seine Wiederkunft und das Weltende?

Was lernen wir aus dem »Mini-Weltuntergang« im Jahr 70 n. Chr.? Dieser Andreasbrief zeigt, dass absolutes Vertrauen in Jesu Wort sehr wertvoll ist. Er legt dar, dass die Christen gerettet wurden, weil sie sich ausschließlich am Wort Jesu orientierten und warum etwa eine Million sehr religiöser Menschen – die zum Passahfest gekommen waren – ein furchtbares Schicksal erlitten. Was kann man aus der Geschichte Jerusalems für die Endzeit und die Wiederkunft Jesu lernen? Welche Entscheidung treffen wir?

Andreasbrief Nr. 12: Vorzeichen der Wiederkunft Jesu

Kommt die große Wende – oder ... das Ende? Die Jünger fragten: Woran werden wir erkennen, dass du kommst und das Ende der Welt da ist. Nähere Ausführungen über die acht genannten Vorzeichen. Wie stand es damit vor dem Untergang Jerusalems und wie steht es heute? Schlussfrage: Stehen wir vor der großen Wende oder sind wir bald am Ende?

Andreasbrief Nr. 13: Ergreife das Leben durch eine persönliche Beziehung zu Gott

Angenommen – Du stirbst heute (Herzschlag oder Unfall?). Hast Du jetzt die Gewissheit auf ewiges Leben mit Jesus Christus? Bleibe nicht im Ungewissen!
5 Tatsachen sollen Dir helfen, eine Antwort zu gnden.
Wer eine Beziehung zu Gott sucht, macht die Entdeckung seines Lebens:
1. Gott liebt mich!, 2. Wir haben uns von Gott getrennt! 3. Jesus Christus starb wegen meiner Sünde! 4. Ich nehme Jesus Christus als meinen Herrn und Retter an.
5. Mein neues Leben mit Jesus Christus

Andreasbrief Nr. 14: Leben in der Kraft Gottes – Wie?

„Ich bin gekommen, damit sie das Leben haben und es in Fülle haben." (Joh. 10,10)
Jesus will, dass wir jetzt dieses neue Leben erfahren und es nach seiner Wieder-
kunft fort setzen dürfen als ewiges Leben im Reich Gottes.
In diesem Andreasbrief geht es darum, wie wir die Motivation und Kraft für eine
frohe und beständige Beziehung zu einem Leben mit Jesus haben können.
Ein drastischer Vergleich: Ein Auto ohne Benzin. Es gibt nur zwei Möglichkeiten:
Schieben oder Benzin beschaffen. Nur mit Treibstoff erfüllt das Auto seinen Zweck.

Andreasbrief Nr. 15: Mit Gewinn die Bibel lesen – Wie?

Vielleicht hast du Dir schon einmal vorgenommen, Einblick zu nehmen in das
meistgelesene Buch der Welt – in der Bibel. Mancher, der damit begonnen hat,
hat dieses Vorhaben bald wieder aufgegeben. Vermutlich hatte er nicht den
richtigen Einstieg gefunden. In diesem Andreasbrief findest du einen 14-Tage-Test.
Am Beispiel von Larry wird erklärt, was es bewirken kann.
Wenn wir einen kleinen Schritt auf Gott zugehen, dann macht er einen großen
Schritt auf uns zu. Und es macht Freude, das auszuprobieren.

Andreasbrief Nr. 16: Vergebung empfangen – Freiwerden von Schuld

Viele Menschen tragen Lasten mit sich – z.B. Schuld, Verletzungen, Suchtbindun-
gen, okkulte Belastungen. Das schadet der Gesundheit, dem Wohlbefinden und
den zwischenmenschlichen Beziehungen. Diese Lasten dürfen wir ablegen. Gottes
Wille ist es, dass wir Leben in Fülle haben (Johannes 10,10 KÜ). Warum ist Befreiung
von Schuld notwendig für unser Lebensglück? Welcher Weg ist der beste, um mit
Schuld fertig zu werden? Wie erhalte ich Vergebung? Wie wird mein Schuldproblem
gelöst? - Gott will auch Dir sagen: „Ich habe eure ganze Schuld vergeben: sie ist ver-
schwunden wie der Nebel vor der Sonne. Wendet euch zu mir, denn ich werde euch
befreien". (Jes. 44,22 GNÜ).Ein befreiendes Thema für jeden von uns.

Andreasbrief Nr. 17: Hast Du etwas gegen jemand?

Wie kann ich vergeben und vergessen? Verzeihen befreit beide.
Warum anderen vergeben? Welche Rückwirkung hat Unversöhnlichkeit auf mich?
Wie erhalte ich göttliche Vergebungskraft, um verzeihen zu wollen und zu können?
Welche positiven Auswirkungen hat dies für beide Beteiligte? Mit Erfahrungen wie
Menschen wieder frei und froh wurden.

Bestellung Andreasbriefe

Themen (DIN A5-Hefte)

1. Der christliche Glaube auf dem Prüfstand **(8 Seiten)**
2. Jesus von Nazareth **(8 Seiten)**
3. Was ist das Hauptanliegen der Bibel? **(12 Seiten)**
4. Die Wette des Pascal: Gibt es Gott? Gibt es keinen Gott? **(8 Seiten)**
5. Sieg über Tabak und Alkohol **(8 Seiten)**
6. Wie kann man wissen, was die Zukunft bringt? **(8 Seiten)**
7. Vorbeugen oder Heilen? **(8 Seiten)**
8. Prophezeiungen über Jesus Christus **(8 Seiten)**
9. Prophezeiungen über vier Städte **(8 Seiten)**
10. Jesus und der Sabbat **(12 Seiten)**
11. Was sagte Jesus über Jerusalem, seine Wiederkunft und das Weltende? **(16 Seiten)**
12. Vorzeichen der Wiederkunft **(16 Seiten)**
13. Ergreife das Leben **(8 Seiten)**
14. Leben in der Kraft Gottes – Wie? **(12 Seiten)**
15. Mit Gewinn die Bibel lesen – Wie? **(12 Seiten)**
16. Wie kann ich Gottes Liebe und Vergebung erfahren? **(16 Seiten)**
17. Hast du etwas gegen jemand? **(16 Seiten)**

Die Hefte können als ganze Sätze (1-17) bestellt werden oder themenweise in 10er, 50er und 100er-Päckchen. Um einen ersten Eindruck zu bekommen, haben wir die Andreasbriefe auf unserer Website zum Downloaden als PDF bereitgestellt. Dort findest du weitere Informationen von Br. Haubeil.

Preise (je Satz)	Preise (je Thema)		
1 Satz = Themen 1-17	**8-Seiter**	**12-Seiter**	**16-Seiter**
1 Satz: € 4,00	10er Pack: € 2,00	10er Pack: € 2,50	10er Pack: € 3,50
10 Sätze: € 3,80	50er Pack: € 9,00	50er Pack: € 11,50	50er Pack: € 16,00
50 Sätze: € 3,50	100er Pack: € 15,00	100er Pack: € 20,00	100er Pack: € 30,00

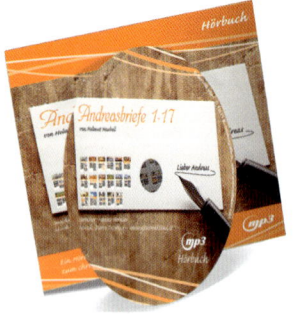

Andreasbriefe (1-17) – Hörbuch

Die Andreasbriefe können nun als MP3-Hörbuch weitergegeben werden. Das Hörbuch, gesprochen von Hanno Herzler, beinhaltet alle Themen der Andreasbriefe. Zudem beinhaltet das Hörbuch ein 8-seitiges Booklet, in dem die einzelnen Themen kurz beschrieben sind. Als weiterführende Studienmöglichkeit kann man im Booklet Bibelfernkurse bei der Stimme der Hoffnung anfordern.

Missionspreise:

1 Ex.: € 3,00   ab 10 Ex.: € 1,50
ab 5 Ex.: € 2,00   ab 50 Ex.: € 1,00

Wertvoll leben
Medien, die Dein Leben bereichern

Wertvoll leben
Im Kiesel 3, D-73635 Rudersberg/Württemberg
Tel.: 0049 (0) 71 83 / 309 98 47
Email: info@wertvollleben.com, www.wertvollleben.com